Jando

Sternenreiter

Kleine Sterne leuchten ewig

Zum Autor:

Unter dem Künstlernamen „Jando“ gelang dem Autor Jens Koch mit seinem ersten Buch „Windträume … eine wundersame Reise zu sich selbst“, das er zunächst im Eigenverlag veröffentlichte, ein beachtlicher Debüterfolg. Nach einem längeren Aufenthalt in seiner zweiten Heimat Köln, lebt Jando heute in der Nähe der Nordsee. Er engagiert sich ehrenamtlich für die Kinderhilfsorganisation „Ein Herz für Kinder“ und unterstützt die Robben-Kampagne der Tierrechtsorganisation PETA.

Mehr über den Autor:
www.jando-autor.de
www.windtraeume.com
Kontakt zum Autor:
Jando@jando-autor.de

ISBN 978-3-9814863-1-5

Titelillustration: Antjeca
Umschlag: Antjeca
Lektorat: Verena Rotermund
Gesamtherstellung: KoRos Nord GmbH
Printed in Germany

Jando

Sternenreiter
Kleine Sterne leuchten ewig

Mit fünfzehn farbigen Illustrationen
von Antjeca

KoRos Nord

Für euch eine besondere Botschaft,
die der Sternenreiter von seinen vielen
Reisen mitgebracht hat:

Der wertvollste Samen,
der in die Erde eingesetzt wird,
ist die Liebe.
Sie wächst überall dort,
wo sie gesät wird.

Der Liebe ist es egal, woher du kommst,
von wem du stammst, wer du bist.
Sie lebt in unseren Herzen.
Nur hin und wieder verändert sie ihr Aussehen …

Prolog

Die Sterne leuchteten heller als sonst. Das Meer war ruhig. Im Mondlicht schimmerte es silbrig blau. Um mich herum war es still. Es war eine himmlische Ruhe, wie ich sie nur am Meer erlebte.

Fünf Jahre sind vergangen, seit ich diesen sonderbaren – nein, sonderbar wird ihm nicht gerecht – vielmehr einzigartigen Jungen kennenlernen durfte.

Schnell wird in unserer heutigen Zeit das Wort „Legende“ benutzt. Doch bei ihm trifft es zu. Seine Geschichte wird Generationen überdauern. Es ist eine Geschichte über Liebe, Mut und Hoffnung.

„Na und? Das habe ich schon oft gelesen“, werden vielleicht einige sagen.

Das mag stimmen und hat auch seine Berechtigung. Doch wenn ihr euch einlasst auf die Geschichte des Jungen – nur Gott allein weiß, woher er kam – können Träume wahr werden.

Ich habe es selbst erlebt.

Ich kann mich noch gut an seine Antwort erinnern, als ich zu ihm sagte: „Ach, Träume ... Ich habe es aufgegeben, meine Kraft und den Glauben daran zu verschwenden.“

Der Junge antwortete, wie es seine Art war, langsam und bedächtig:

„Ihr großen Menschen hört irgendwann auf, an Träume zu glauben. Manchmal wäre es schön, wenn ihr wieder klein wäret. So könntet ihr euch erinnern, dass Träume nur entstehen, wenn man bereit ist, sie zu leben und zu akzeptieren.“

Damals konnte ich wenig mit seiner Antwort anfangen. Na ja, wenn ich es mir eingestehe, schon ein bisschen. Doch zur damaligen Zeit war ich noch nicht bereit, mich damit auseinanderzusetzen. Aber dazu komme ich später.

Mir war er der beste Freund, den ich mir wünschen konnte. Irgendwann erwähnte er in einem unserer zahlreichen Gespräche:

„Wenn ich einmal groß bin, möchte ich gerne allen

Menschen erzählen, wie einzigartig das Leben ist. Lieber spreche ich und höre zu, anstatt zu schreiben. Du wirst einmal ein beachtenswerter Schriftsteller sein. Ich wäre glücklich, wenn du es wärest, der meine Geschichten weiterträgt.

Jeder sollte das tun, was er am besten kann und was ihm am meisten Freude bereitet.“

Das war das Geringste, was ich für meinen Freund tun konnte. Für ihn ging aber wieder einmal ein Traum in Erfüllung.

Kapitel 1

Als Angestellter eines renommierten, börsennotierten Unternehmens war ich täglich damit beschäftigt, auf Schwankungen an der Börse zu reagieren und dementsprechend zu handeln. Es kam fast täglich vor, dass ich bis spät in die Nacht Sitzungen für den nächsten Tag vorbereiten, Werbekampagnen zusammen mit Agenturen planen und termingerechte Lieferungen für Kunden disponieren musste.

Meine Frau Kerstin und unsere beiden Kinder Ben und Björn sah ich immer seltener. Ich machte mir vor, ich könnte Familie und Beruf unter einen Hut bringen. Das war ein Trugschluss.

Ich setzte meine ganze Kraft in den Betrieb und merkte gar nicht, wie ich mich immer weiter von meiner Familie entfernte.

Jedes Mal, wenn ich spätabends nach Hause kam, lagen meine Söhne in ihren Betten. Sie spürten es gar nicht, wenn ich ihnen ihren Gutenachtkuss auf die Stirn gab. Erschöpft setzte ich mich dann auf das Sofa zu Kerstin. Erzählte ihr von meinem Arbeitstag. Sprach über die Kunden, die schlechte Lage an der Börse. Schimpfte über Kollegen.

Wenn Kiki, das war ihr Kosename, anfing zu erzählen, was unsere Kinder und sie tagsüber erlebt hatten, befassten sich meine Gedanken schon mit dem nächsten Tag – Treffen mit wichtigen Kunden oder anstehenden Reisen zu Geschäftspartnern in New York. Solche Abende wiederholten sich in den letzten Monaten täglich.

Irgendwann sagte Kerstin zu mir: „Mats, wenn du so weitermachst, brichst du bald zusammen. Dieses Pensum kann kein Mensch durchhalten. Aber was für uns mindestens genauso schlimm ist: Du siehst deine Kinder nicht heranwachsen. Jeden Tag entdecke ich etwas Neues an ihnen. Du fehlst ihnen. Ich vermisse dich auch. Ist dir aufgefallen, dass wir uns nicht mehr richtig unterhalten? Hast du dich eigentlich mal gefragt, was ich an den Tagen mache, wenn du nicht da bist? Wann hatten wir das letzte Mal eine Stunde Zeit für uns? Selbst am Wochenende bist du im Büro, weil so viel Arbeit liegengeblieben ist."

„Ja, du hast schon Recht. Aber ich mache das doch für euch. Wie soll es sonst funktionieren, dass wir unser Haus abzahlen, Kinder großziehen und uns schöne Dinge leisten können?", antwortete ich.

„Unseren Kindern ist es noch egal, wo sie leben und wie viel Spielzeug sie haben. Sie brauchen ihren Papa. Ich habe mich in dich verliebt, weil du so ein Träumer warst. Einzig und allein deine Liebe und ein Leben mit dir sind mir wichtig gewesen. Das Gefühl habe ich jetzt nicht mehr. Früher hattest du noch Träume und Wünsche. Ich weiß nicht, ob du jetzt noch welche hast. Aber ich fühle, dass wir darin keine Rolle mehr spielen."

Ich musste schlucken.

„So einfach, wie du denkst, ist es beileibe nicht. Ich werde aber versuchen, mehr für euch da zu sein. Dieses Wochenende habe ich frei. Da kommt nichts dazwischen. Wie fändest du es, wenn wir am Samstag in den Zoo gingen und am Sonntag einen Ausflug an die Nordsee machten?", versuchte ich der Diskussion zu entkommen.

Kiki nickte wortlos und lächelte. Ich nahm sie in den Arm. Gab ihr einen Kuss auf die Wange.

„Ich gehe schon mal schlafen. Morgen wird ein anstrengender Tag. Gute Nacht, Schatz", rief ich ihr noch zu, als ich mich auf den Weg in unser Schlafzimmer machte.

Am nächsten Morgen war ich wie immer früh auf den Beinen. Ben und Björn schliefen noch. Kiki hatte das Frühstück vorbereitet.

Ihre blonden Haare waren zu einem Pferdeschwanz zusammengebunden und ihre mandelförmigen Augen blickten mich liebevoll an. Sie sah in ihrem Pyjama trotz der frühen Morgenstunde umwerfend aus. Ich wollte es ihr gerade sagen, als mich ein Anruf auf dem Handy davon abhielt.

Ein Geschäftspartner wollte bis Montag eine neue Präsentation mit aktuellen Zahlen haben.

„Oh Mann, wie soll ich das denn nur schaffen! Und dann auch noch so ein wichtiger Kunde", ließ ich zwischen Brotkrümeln und Kaffee meinen Frust heraus.

„Denkst du an das Wochenende?", wollte Kerstin

wissen.

„Na klar, habe ich doch versprochen."

„Prima, das werde ich den Kindern erzählen, sobald sie wach sind. Die werden sich freuen! Ich wünsche dir einen guten Arbeitstag."

Kerstins Worte erreichten mich gerade noch, bevor die Haustür ins Schloss fiel.

Kapitel 2

Der Zeitdruck war enorm. Innerhalb von drei Tagen musste der Kunde eine Präsentation erhalten, die ihn überzeugen sollte, ein Aktienpaket zu kaufen. Dies würde für unsere Firma das größte Geschäft in ihrer Geschichte werden.

Ich bilanzierte, die Kreativen entwarfen und unser Chef machte Druck. So wurde es schnell Abend. Die Kollegen verließen die Büroräume. Der Chef verabschiedete sich mit den Worten:

„Mensch Mats, auf Sie ist immer Verlass! Hätte ich nur mehr Mitarbeiter wie Sie. Ich werde mich erkenntlich zeigen. Wird ja mal Zeit, dass Sie eine Position höherrutschen. So bekommen Sie mehr Verantwortung und dementsprechend auch eine bessere Bezahlung. Darüber können wir uns am Dienstag unterhalten, nachdem der Deal fix ist. Ich muss los. Ich habe meiner Frau und den Kindern zugesagt, dieses Wochenende gemeinsam ans Meer zu fahren. Glauben Sie mir, Mats, Lust habe ich nicht darauf. Aber genau an diesem Wochenende kann unser Kindermädchen nicht. Das ist keine Erholung mit meinen Rabauken. Meine Frau wird bestimmt sämtliche Schuhläden plündern und ich muss mich um die Kinder kümmern."

Als er fast das Büro verlassen hatte, blickte er noch einmal zurück und rief: „Wenn irgendwelche Fragen auftreten sollten, können Sie mich jederzeit auf dem Mobiltelefon erreichen. Machen Sie es ruhig. So habe ich wenigstens einen Grund, mich zu verdrücken", lachte er und verschwand.

Ich setzte mich wieder an die Zahlen. Ich verlor das Zeitgefühl. Das Klingeln des Telefons ließ mich hochschrecken. Kerstin war dran.

„Wann kommst du nach Hause? Es ist schon zehn Uhr."

„Gut, dass du angerufen hast. Mir sind die Augen zugefallen und ich bin kurz weggedöst. Das kann hier noch ein wenig dauern. Ich beeile mich."

„Denkst du an das Wochenende? Die Kinder und ich freuen uns schon darauf."

Ihre Stimme klang leise. Stimmt, das hatte ich ihr versprochen. Ich hatte es durch den Stress völlig verdrängt.

„Ja, natürlich. Morgen gegen elf Uhr können wir starten. Ich werde die Arbeit noch beenden. Damit ist das Wochenende frei. Kann aber noch ein paar Stunden dauern, bis ich zu Hause bin. Lege dich doch schon schlafen und warte nicht auf mich“, sagte ich zu Kiki, während ich auf die geöffnete Datei auf meinem Computer schielte.

„Ja, Schatz. Dann hoffe ich, dass du schnell fertig wirst.“

„Ja, ich werde Gas geben. Bis morgen. Gib den Kindern einen Kuss von mir. Ich hab dich lieb.“

Während ich mich verabschiedete und den Hörer auflegte, widmete ich mich nebenher den Zahlen. Um mich erneut aufzuputschen, brühte ich frischen Kaffee auf. Das war bestimmt der dritte Liter an diesem Tag. Ich steckte mir eine Zigarette an und bemerkte, dass es meine letzte war.

In Stresssituationen entwickelte ich mich zum Kettenraucher. Ich ging zurück zu meinem Arbeitsplatz, um mein Geld zu holen. Der Supermarkt gegenüber hatte durchgehend geöffnet. Da landete ich abends oft. Nicht nur, um etwas zu kaufen, sondern weil es hier auch Menschen gab, die noch arbeiteten. Das gab mir ein Gefühl innerer Zufriedenheit.

Während ich das Geld in meine Hosentasche steckte, warf ich noch schnell einen Blick auf die Präsentation. Zu diesem Zeitpunkt konnte ich noch nicht wissen, dass ich sie das letzte Mal sah.

Als ich aus dem Gebäudekomplex auf den Bürgersteig trat, fiel mir auf einmal ein, wie die perfekte Lösung für die Präsentation aussehen musste. Doch dafür würde mir keine andere Wahl bleiben, als am nächsten Tag wieder ins Büro zu gehen. Der Zugriff auf den Zentralrechner ging nur über den Administrator. Doch diesen konnte ich um diese Zeit nicht mehr erreichen. Aber morgen war der Zoobesuch mit Kiki und den Kindern geplant ...

Gedankenversunken, nach Ausreden suchend, überquerte ich die Straße. Noch aus den Augenwinkeln sah ich Scheinwerfer aufleuchten. Sie kamen immer näher. Dann wurde es dunkel.

Als ich wieder zu mir kam, sah ich viele Menschen um mich herum stehen. Ich hörte sie schreien:

„Hat jemand den Rettungswagen gerufen?"

„Ich konnte doch nichts dafür. Der ist bei Rot losgelaufen. Ich konnte nicht mehr bremsen!"

„Halten Sie durch!"

„Können Sie mich hören?"

„Können Sie sprechen?"

Es fiel mir schwer, meine Lippen zu bewegen. Mühsam fragte ich: „Was ist passiert?"

„Sie hatten einen Unfall. Bleiben Sie ruhig liegen. Hilfe ist unterwegs."

In der Ferne hörte ich ein Martinshorn heulen und sah blaue Lichter. Je näher sie kamen, umso mehr verschwand alles wie im Nebel. Das Letzte, was ich sah, waren Sterne. Aber vielleicht hatte ich sie mir nur eingebildet.

Erster Eintrag aus dem Krankenhaus am Rande des Meeres

Ich erwachte in einem hellgelb gestrichenen Raum. Um mich herum standen viele medizinische Apparaturen. Mir wurde sofort klar, dass es sich um ein Krankenhaus handeln musste. Ich erblickte Krankenschwestern und einen Arzt.

„Oh, wie schön. Sie sind wieder bei uns“, meinte eine männliche Stimme. „Ich bin Doktor Veit, Ihr behandelnder Arzt.“

„Was ist mit mir passiert?“, wollte ich wissen.

„Sie hatten einen schweren Verkehrsunfall. Sie lagen fast einen Monat in einem künstlichen Koma. So konnten Ihre Verletzungen besser heilen.“

Das musste ich erst einmal verkraften. „Ich kann mich an nichts mehr erinnern“, flüsterte ich.

„Das ist völlig normal. Gedächtnislücken nach so einem Unfall sind nicht ungewöhnlich. Die Erinnerungen werden in den nächsten Wochen wiederkommen. Sie sollten aber bitte bedenken, dass Ihre

Verletzungen lebensbedrohlich waren. Einige für Sie vorher alltägliche Abläufe werden Sie neu erlernen müssen."

„Was heißt das? Kann ich aufstehen? Und was ist mit meiner Frau und meinen Kindern?", wollte ich ängstlich wissen.

„Eigentlich wollte ich Ihnen Zeit lassen, damit Sie sich an die Umgebung gewöhnen. Doch ich kann gut verstehen, dass Sie wissen möchten, was passiert ist", antwortete Doktor Veit.

„Bei Ihrem Unfall haben Sie zwei komplizierte Frakturen der Ober- und Unterschenkel erlitten und die Halswirbelsäule angebrochen. Dabei kam es zu starken inneren Blutungen. Ihre Frau hat nächtelang an Ihrem Bett gewacht. Die Ärzte, die Sie betreuten, haben Sie, nach Rücksprache mit Ihrer Frau, in unsere Spezialklinik verlegen lassen. Ihrer Partnerin und den Kindern ist es leider nicht möglich, jeden Tag hier zu sein. Sie besuchten Sie aber jedes Wochenende. Nach Rücksprache mit unserem Ärzteteam waren wir der Meinung, dass es heute Zeit ist, Sie ins Leben zurückzuholen. Leider kann Ihre

Frau heute nicht anwesend sein, weil Ihr Sohn Ben an einem grippalen Infekt erkrankt ist. Wir werden sie umgehend anrufen. Das haben wir versprochen und Sie wollen bestimmt gerne ihre Stimme hören. Um eines möchte ich Sie noch bitten: Den Rollstuhl vor Ihrem Bett sollten Sie bitte die nächsten Tage benutzen. Ihre Muskulatur muss erst wieder durch gezieltes Training aufgebaut werden."

Ich hörte mir die Ausführungen von Doktor Veit an. Es war sehr viel auf einmal. Doch eines wurde mir sofort klar: Ich musste unglaubliches Glück gehabt haben. Ich freute mich auf die Stimmen von Kiki und den Kindern,während ich merkte, wie meine Augenlider immer schwerer wurden.

Ein unangenehmes Gefühl im Unterleib ließ mich wach werden. Ich suchte nach einem Klingelknopf. Fand aber keinen. So schob ich meinen Körper langsam aus dem Bett in Richtung Rollstuhl. Ich erschrak, als ich meine Beine sah.

Ich hatte zwar nie einen athletischen Körper, doch jetzt waren gar keine Muskeln mehr vorhanden. Ein Blick auf meinen Oberkörper und die Arme ergab das Gleiche.

Es dauerte eine gewisse Zeit, bis ich mich in dem Rollstuhl befand. Ich rollte in den Flur und folgte den Wegweisern zur Toilette.

Durch die geöffneten Türen konnte ich einen Blick in die Zimmer werfen. In manchen brannte noch Licht. Alle waren sie in hellgelber Farbe gestrichen. Das hatte etwas Beruhigendes.

Einige Patienten lasen, andere schrieben, schauten Fernsehen oder hörten Musik. Bei einem Zimmer musste ich anhalten. Es war fast dunkel. Nur eine Kerze erleuchtete den Raum.

Ich schob meinen Rollstuhl näher an die Tür. Ich konnte Umrisse eines Bettes sehen. Es war kein übliches Krankenbett, sondern rund, und stand mitten im Raum. Drum herum standen Blumen. Welche Sorten konnte ich nicht genau erkennen. Dieses eigenartig eingerichtete Krankenzimmer weckte mein Interesse. In diesem Moment ging eine zweite Kerze an, und dann sah ich ihn zum ersten Mal. Besser gesagt, *wir* sahen uns.

Ein kleiner, schmächtig wirkender Junge blickte

mich aus seinen großen blauen Augen an. Wir beobachteten uns. Dann machte der Junge eine Handbewegung, die mir bedeuten sollte, zu ihm zu kommen.

Ich öffnete die Tür und rollte hinein. Als er entdeckte, dass ich in einem Rollstuhl saß, sagte er:

„Ach, das ist ein schönes Gefährt. Ich hatte so einen auch einmal. Vieles habe ich mit ihm ausprobiert. Man kann tolle Rennen auf dem Krankenhausflur veranstalten oder lernen auf einem Reifen zu fahren. Aber irgendwann hatte ich alles ausprobiert. Dann habe ich ihn wieder abgegeben. Ich wollte ihn keinem wegnehmen. Wie ich sehe, war meine Entscheidung richtig. So hast du einen bekommen und kannst jetzt Spaß damit haben."

Was für eine Sicht der Dinge, dachte ich. Naja, er ist ein Kind.

„Ich würde am liebsten sofort den Rollstuhl abgegeben und mich mit meinen eigenen Beinen fortbewegen", wies ich ihn zurecht.

Der Junge stutzte. „Ja, das kannst du doch auch. Warum machst du das nicht?"

„Weil der Arzt es mir nicht erlaubt hat. Meine Muskeln müssen erst wieder aufgebaut werden. Ich hatte einen schweren Verkehrsunfall und fast mein Leben verloren", erwiderte ich.

Der Junge fing an zu lachen. So eine unverschämte Göre! „Das finde ich überhaupt nicht lustig!", erboste ich mich.

Das Lachen des Jungen verstummte. Er schien zu bemerken, dass ich sauer war. „Ich habe gelacht, weil ich mich freue, dass du hier bist. Es hätte doch genauso gut sein können, dass wir uns nie getroffen hätten.

Lachen ist die die beste Medizin. Versuch es mal. Du wirst schnell merken, wie um dich herum vieles einfacher wird.

Große Menschen sind wirklich seltsam. Anstatt dich zu freuen, dass dir das Leben eine neue Chance gegeben hat, erwartest du noch mehr.

Dankbarkeit ist der erste Schritt zur Genesung."

Während er das sagte, lächelte er.

Seine Gesichtszüge entspannten sich in seinem blassen Gesicht. Seine blauen Augen strahlten.

Seine Aussage machte mich aber noch böser. Musste ich mir von einem Jungen das Leben erklären lassen? So ein Klugschwätzer, dachte ich.

Ich entschloss mich aber, ihm dies nicht mitzuteilen. Sicherlich wusste er nicht, was sein Gerede anrichten konnte.

„Ich bin sehr müde“, meinte der Junge. Er gähnte dabei und sah erschöpft aus. „Ich würde mich sehr freuen, wenn du morgen wieder vorbeikommst. Freunde zu haben ist etwas Tolles. Du bist jetzt mein Freund. Schließlich habe ich dir schon ein Geheimnis anvertraut. So etwas teilt man nur mit den besten Freunden.“

Ich war verwirrt. Nicht darüber, dass ich sein bester Freund sein sollte. Der Junge schien einsam zu sein und schuf sich durch meine Person einen neuen Freund. Wenn es ihm dadurch besser gehen würde, war es mir recht. Was ich aber seltsam fand, war das angebliche Geheimnis, das er mit mir geteilt haben wollte.

„Ich komme morgen wieder, wenn es mir der Arzt erlaubt. Ich weiß nicht, ob es in Ordnung war, dass ich heute Abend in dein Krankenzimmer gegangen bin. Was hast du eigentlich für eine Krankh…?"

Der Junge unterbrach mich: „Du musst dir keine Gedanken machen. Die Ärzte suchen schon seit einem halben Jahr nach der Diagnose. Sie haben bis jetzt nichts gefunden und werden nichts finden. Auch wenn sie glauben, meine Krankheit wäre unheilbar, wird mich nichts davon abhalten, das Krankenhaus bald zu verlassen. Ich will meine Freunde besuchen! Sie warten schon auf mich. Früher waren sie jeden Tag bei mir und brachten mir wunderschöne Geschenke mit."

Ich musste schlucken. Ich hatte ein sterbenskrankes Kind vor mir. Mir tat es leid, dass ich es so angeraunzt hatte.

„Das ist schlimm und es tut mir sehr leid für dich." Ich war nicht sehr geübt im Umgang mit tröstenden Worten.

„Ach, ist schon in Ordnung. Wie gesagt, meine Freunde warten schon auf mich. Sie können es gar nicht mehr erwarten, dass ich komme", antwortete der Junge müde.

Mir schien es, dass er sich imaginäre Freunde erschaffen hatte, um besser mit seinem Schicksal umgehen zu können. Wenn es ihm half, war es doch prima.

„Jetzt muss ich aber wirklich träumen." Die Augen des Jungen schlossen sich.

Ich wollte ihn noch nach dem Geheimnis fragen, entschied mich jedoch, das am nächsten Tag nachzuholen. Ich wünschte ihm eine gute Nacht und wollte gerade die Tür schließen, als er mir noch leise zurief:

„Jeder Mensch hat Geheimnisse. Doch teilen wir sie, öffnen sich unsere Herzen. Wir bauen Brücken, die unsere Seelen miteinander verbinden.

Das ist passiert, als du mein Krankenzimmer betreten hast. Gute Nacht!"

Während ich die Tür schloss, dachte ich darüber nach. Mir rollten Tränen über die Wangen. Es waren aber keine Tränen der Trauer, sondern der Dankbarkeit. Ich hatte eine zweite Chance im Leben bekommen.

Seltsam, dachte ich noch, als ich in meinen Rollstuhl den Flur entlangfuhr: Da muss erst ein todkrankes Kind kommen, das mir die Augen öffnet.

Ein angenehm warmes Gefühl breitete sich in mir aus. Es war die Vorfreude auf den morgigen Besuch beim Jungen.

Zweiter Eintrag aus dem Krankenhaus am Rande des Meeres

Am nächsten Morgen wurde ich von Krankenschwester Danica geweckt. „Guten Morgen, haben Sie gut geschlafen?“, wollte sie wissen.

Müde nickte ich.

„Ihre Frau hat gestern mehrmals versucht, Sie telefonisch zu erreichen. Aber Sie haben den ‚Schlaf der Gerechten‘ gehalten. Deswegen wollten wir Sie nicht wecken. Wir sollen Ihnen von Ihrer Familie alles Liebe übermitteln. Sie freuen sich sehr, dass es Ihnen schon besser geht. Gerne können Sie gleich anrufen. Vorher müssen wir aber noch ein paar medizinische Untersuchungen durchführen.“

Ich setzte mich in meinem Bett auf. Mir fiel der Junge vom gestrigen Abend ein. „Schwester Danica, kennen Sie den Jungen aus dem Krankenzimmer, in dem sich ein rundes Bett mitten im Raum befindet und überall Blumen stehen?“, wollte ich wissen.

Sie lachte.„Natürlich, aber wann haben Sie unseren

Lieblingspatienten kennengelernt?“

„Na ja ich bin an seinem Zimmer vorbeigekommen. Er hat mich hineingewinkt und wir haben uns kurz unterhalten. Stimmt es, dass er sterbenskrank ist?“

Danica sah zu Boden. „Ja, das stimmt. Unsere Ärzte wissen leider nicht, um welche Erkrankung es sich handelt. Die ganze Geschichte um den Jungen ist sehr mysteriös“, meinte sie.

Jetzt war ich hellwach. Das Frühstück interessierte mich nicht mehr. Ich wollte mehr über den Jungen wissen. „Wie meinen Sie das? Mysteriös?“, wollte ich genauer wissen.

Danica holte einen Stuhl, setzte sich und begann zu erzählen: „Es war vor einem guten halben Jahr. Ich arbeitete im Nachtdienst. Einer dieser Stürme tobte, die uns im Herbst oft hier begegnen. Es war ruhig in unserem Krankenhaus. Die meisten Patienten schliefen schon, als ein Knall mich zusammenschrecken ließ. Es folgt ein weiterer, noch lauterer. Ich sah aus dem Fenster und beobachtete, wie mehrere Blitze vom Himmel auf der Erde einschlugen.

Ein Blitz ging in der Nähe unseres Krankenhauseingangs zu Boden. Ich lief die Treppen hinunter, um zu sehen, ob die Blitze irgendetwas zerstört hätten. Ich öffnete die Tür. Regen peitschte mir ins Gesicht. Der Wind nahm mir den Atem. Ich sagte mir, es würde keinen Sinn machen, jetzt nach Beschädigungen zu suchen, und wollte gerade wieder zurückgehen. In diesem Moment knallte es in meiner Nähe so laut, dass ich vor Angst in die Knie ging.

Im ersten Moment dachte ich, der Blitz wäre genau neben mir eingeschlagen. Langsam und verängstigt stand ich auf. Was ich dann erlebte, werde ich mein Leben lang nicht vergessen:

Drei Blitze hatten sich zu einem Lichtkegel geformt und tanzten hell in der dunklen Nacht. Es war ein schöner, aber auch beängstigender Anblick. Blätter und Sand wurden durch die Luft gewirbelt. Der Regen tanzte um den Kegel herum, bis er sich plötzlich teilte. Es folgten drei laute Donnerschläge. Die Einschläge zogen mir den Boden unter den Füßen weg. Ich wurde ungefähr einen Meter fortgeschleudert. Es ging alles so schnell, dass ich keine genaue Vorstellung mehr hatte, was noch um mich herum passierte. Als ich mich aufrichtete, war es still. Keine Blitze, kein Regen und kein Sturm. Es war eine gespenstische Ruhe.

Ich blickte in die Richtung, in der vor Kurzem noch der Lichtkegel tanzte. Ein kleines Loch zeigte sich nun an dieser Stelle. In diesem steckten zwei kleine Pflanzen. Ich war mir sicher, dass an dieser Stelle vorher keine Blumen standen. Meine Neugierde ließ mich hingehen. Ich wollte es genau wissen.

Kurz bevor ich sie erreichte, öffnete sich der Himmel. Unzählige Sterne erleuchteten die Nacht. Ich blieb stehen. Noch nie im Leben hatte ich so viele Sterne auf einmal gesehen. Sie leuchteten so hell und ließen die Nacht zum Tag werden.

Als ich in den Abendhimmel schaute, entdeckte ich rechts oben am Firmament eine gelbe Sichel. Erst war sie klein, dann wurde sie größer. Hinter ihr erschien eine runde, erst orange, dann hellgelb leuchtende Kugel. Ein unglaubliches Bild: Sonne, Mond und Sterne auf einmal am Himmel.

Ich musste mich setzen. Der Anblick war so schön. So einzigartig. Es war das Leben in seiner reinsten

Form. Die Blumen im Licht der Himmelskörper erstrahlten. Nein, es schien, als ob sie lachten. Die eine Blume strahlte mich mit ihren braunen ‚Augen' an. Sie hatte ihren Namen Sonnenblume zu Recht. Sie gab Wärme ab, die ich in meinem Körper fühlen konnte.

Die andere Blume war edel. Sie hatte nicht diese Wärme. Aber ihre Anmut, mit der sie mich leicht verlegen mit einem roten Gesicht begrüßte, hatte etwas Besonderes. Ihre stachelige Haut schien sie verletzlich zu machen. Die Rosen sind wie die Menschen, dachte ich noch, als der Himmel ein erneutes Schauspiel vorbereitete.

Mehrere Sterne hatten sich gefunden und fügten sich zu einem Riesenstern zusammen. Sonne und Mond umgarnten ihn von links und rechts. Es schien, als ob sie ihnen Begleitschutz gaben. Der Riesenstern fing an zu glühen. Er wurde größer und größer. Sonne und Mond schoben sich ein wenig zur Seite. Dann schien der Himmel zu brennen. Der Riesenstern fiel auseinander. Aus ihm schossen unendlich viele kleine Sterne der Erde entgegen. Eine Sternschnuppe konnte ich entdecken, die viel schneller war als die anderen. Es schien, als ob sie als Erste die Erde erreichen wollte. Das Himmelsspektakel dauerte ein paar Minuten. Ich schaute es mir gebannt und fasziniert an. Nachdem alle Sternschnuppen die Erde erreicht hatten, wurde es wieder stockdunkel. Sonne, Mond und Sterne waren genauso schnell verschwunden, wie sie gekommen waren.

Bei Sternschnuppen darf man sich ja etwas wünschen, das tat ich – aus vollem Herzen. Den Wunsch werde ich Ihnen aber nicht erzählen. Sonst geht er nicht in Erfüllung!

Noch völlig unter dem Eindruck dieser mysteriösen Ereignisse stehend, begab ich mich in Richtung Krankenhaus. Da hörte ich es.

‚Hallo, hallo, warte bitte auf mich. Ich möchte mitkommen.'

Ich drehte mich um und entdeckte ihn.

Ein kleiner Junge, bekleidet mit einem dunklen Umhang und einen Beutel aus Jute in der Hand, stand neben Sonnenblume und Rose. Seine blonden Haare waren pitschnass. An seinem Körper tropfte die

Feuchtigkeit herunter. Sein Gesicht war aschfahl, wodurch seine hellblauen Augen hervorstachen. Er stand völlig verloren dort.

Das war das erste Mal, dass ich den Jungen gesehen habe. Ich ging ihm entgegen: ‚Oh, mein Kleiner, wo kommst du denn her? Du bist klatschnass! Komm erst einmal mit rein. Wir werden dich aufwärmen. Du musst raus aus den Klamotten. Ich mache dir in der Zwischenzeit einen heißen Kakao.‘

Der Junge lächelte. Dann schaute er auf die Blumen.

‚Ach‘, meinte er ganz verwundert, ‚meine Freunde sind auch schon da! Wie groß sie sind. Das hat bestimmt der Regen vollbracht. Jetzt haben sie für heute genug zu trinken bekommen, sodass es bis bis morgen reicht. Ich komme gerne mit dir. Du bist eine nette, große Frau und hübsch. Ich finde dein langes blondes Haar so schön. Damit kann man viel machen. Ich hatte mal eine Freundin, die hat sich Zöpfe flechten lassen. Das kann ich bei dir auch machen. Du hast so große blaue Augen wie ich. Ich hätte nicht gedacht, dass dies möglich sei. Ich habe

dich vorhin beobachtet, wie du meine Freunde angeschaut hast.

Bei den Blumen ist es wie bei den Menschen: Wenn sie sich öffnen, entdecken wir ihre wahre Schönheit. Wir müssen ihnen nur Nahrung geben. So können sie ihre Schönheit voll entfalten.

Hast du jemanden, der dich ernährt? Dieser Mensch muss ein reicher Mensch sein. Du musst jetzt nicht antworten‘, meinte er bedächtig. ‚Ich denke auch immer erst viel nach, bevor ich spreche. Bekomme ich jetzt den Kakao? Langsam wird mir doch kalt.‘

Sie können sich bestimmt vorstellen, wie es mir in dieser Situation ging. Da stand dieser kleine Junge auf einmal vor mir, und er schien weiser zu sein, als die Menschen, mit denen ich mich sonst umgab.“

Ich unterbrach Danica: „Das ging mir gestern ähnlich. Er ist ein sonderbares Kind.“

Danica erzählte weiter: „Er nahm mich wie selbstverständlich an der Hand und führte mich direkt durch den Eingang in unsere Teeküche. Während ich die Milch für den Kakao warm machte, sagte er: ‚Ich gehe schnell noch in das Zimmer in der Mitte des Flurs. Es hat einen wundervollen Ausblick auf das Meer. Hast du trockene Sachen, die ich mir dort anziehen kann?‘

‚Du kannst nicht so einfach in das Zimmer gehen. Wir sind kein Hotel, sondern ein Krankenhaus‘, erwiderte ich.

‚Ach, dann bin ich genau richtig hier. Ich bleibe auch nur sechs Monate. Vielleicht bekomme ich von einem Freund ein rundes Bett geschenkt? Ich schlafe nicht gut in den normalen Betten. Sie engen mich nachts ein. Das liegt daran, dass ich viel träume, und dafür brauche ich Platz.‘

‚Hör mal zu!‘ So langsam fing der Junge an zu nerven. Eine für mich passende Antwort hatte ich bisher noch nicht bekommen: ‚In unser Krankenhaus kommen Menschen, denen es nicht gut geht. Sie sind sehr krank. Stell dir vor, wir trocknen dich nicht ab. Dann könnte es passieren, dass du husten musst und deine Nase anfängt zu laufen. Das kennst du doch? Und die Menschen, die in unser Krankenhaus kommen, denen geht es noch viel, viel schlechter. Einige können nicht mehr richtig laufen, haben ganz starken Husten oder verlieren, ohne dass sie es wollen, an Gewicht. Es gibt auch Menschen, die können das Krankenhaus gar nicht mehr verlassen, und wir helfen ihnen, dass es ihnen trotzdem gut geht. Verstehst du das jetzt?‘

Der Junge setzte sich. Er wirkte geknickt und traurig. Ich wusste aber nicht, wie ich es ihm hätte besser erklären können. Er stütze den Kopf in seine Hände und krümmte dabei seinen Körper. Er tat mir leid. Ich ging zu ihm und legte meinen Arm um ihn.

‚Jetzt trinken wir den heißen Kakao und dann finden wir schon eine Lösung. Weißt du, heute Nacht wird nicht mehr viel passieren und das Zimmer steht leer. Da wird schon keiner was dagegen haben, wenn du da übernachtest. Du musst doch auch müde sein. Morgen, wenn Doktor Veit da ist, werden wir das alles klären‘, beruhigte ich ihn.

Der Junge hörte sich bedächtig meine Ausführungen an. ‚Das heißt aber nicht, dass die Menschen, die krank sind, keine Freude erleben. Als mein Freund vor langer Zeit krank war, habe ich mich um ihn gekümmert. Ich habe ihm die Geschichte von einem alten Leuchtturmwärter erzählt, und als es meinem Freund besser ging, sind wir zum Leuchtturm spaziert. Wir sind sogar die hundertneunundneunzig Stufen gemeinsam nach oben gestiegen. Du glaubst gar nicht, wie weit wir schauen konnten. Diesen rotweißen Leuchtturm wird er sein Leben lang nicht mehr vergessen. Ich freue mich schon, denn ich werde meinen Freund in sechs Monaten wiedersehen.

Ab morgen werde ich die kranken Menschen hier besuchen. Sie freuen sich bestimmt, wenn ich ihnen Geschichten erzähle. Ich kann nicht glauben, dass kranke Menschen keine Träume und Spaß am Leben haben!‘

Die Augen des Jungen strahlten. ‚Ich gehe schon einmal auf das Zimmer. Darf ich den Kakao mitnehmen? Ich bin wirklich müde und habe noch viele Träume vor mir. Schön zu wissen, dass du da bist. Morgen können wir dann über die Schönheit von Menschen und Blumen reden. Bis dahin hast du bestimmt darüber nachgedacht.‘ Der Junge lächelte mir zum Abschied zu."

Danica stand auf: „Wie es weiterging, erzähle ich Ihnen später. Ich muss nach den anderen Patienten sehen. Ich hole Sie in ein paar Stunden zum Aufbautraining ab. Genießen Sie Ihr Frühstück. Sie verließ das Zimmer.

Während ich an meinem Marmeladenbrötchen kaute, ging mir der Junge nicht mehr aus dem Kopf. Ich wollte ihn, nachdem ich mit Kerstin und meinen Kindern telefoniert hatte, besuchen.

Dritter Eintrag aus dem Krankenhaus am Rande des Meeres

Als ich aus dem Krankenbett auf das Meer schaute, sah ich grauweiße Möwen an meinem Fenster vorbeifliegen. Es schien, als trüge sie der Wind.

Sie flogen zu zweit. Erst später schlossen sich weitere an. Bald konnte ich einen ganzen Schwarm am Himmelsrand beobachten. Sie schienen eins zu sein mit dem Wind.

Ob so Freiheit aussehen mochte?

Ich blickte wieder aus dem Fenster. Zu den Möwen hatten sich inzwischen weitere Vögel gesellt. Seltsame Tiere, die ich bisher noch nicht gesehen hatte. Einer hatte einen riesigen langen Schnabel und sein Gefieder war blauweiß. Wie elegant er sich zwischen den Wolken hin- und herschob! Ein anmutiger Vogel.

Hinter einem Wolkenberg entdeckte ich den gleichen Vogel in einer Miniaturausgabe. Er bewegte sich noch sehr unbeholfen durch die Lüfte. Eher verängstigt, als er suche er jemanden.

Der Große entdeckte ihn und schoss dem Kleinen entgegen. Als er ihn erreichte, breitete er sein Gefieder aus. Ich hatte noch nie so ein großes Federkleid gesehen. Es umhüllte den Kleinen fast ganz. Noch unsicher versuchte er seine Flügelschläge denen des Großen anzupassen. Sein Schnabel berührte immer wieder dessen Kopf. Wie durch ein Wunder glitt er bald ebenso geschickt durch die Lüfte. Gemeinsam flogen die beiden mit weit ausgebreiteten Flügeln der Sonne entgegen.

Wie schnell wir doch von jemandem, den wir lieben, lernen können,

dachte ich.

Vierter Eintrag aus dem Krankenhaus am Rande des Meeres

Der Duft von Vanille holte mich aus meinem tiefen Mittagsschlaf. Danica hielt ein Tablett in den Händen, auf dem ein Kännchen Tee, zwei Tassen und ein Teller mit Apfelkuchen standen.

Dieser Anblick erinnerte mich sofort daran, wie meine Großmutter früher für meine Geschwister und mich buk und wir den noch warmen Kuchen mit viel Sahne genossen.

Sie grinste: „Na, das Training war anstrengend?"

Noch leicht verschlafen nickte ich.

„Ich habe jetzt Feierabend. Da dachte ich mir, ich bringe einen Tee vorbei und erzähle Ihnen, wie die Geschichte vom Jungen weiterging. Möchten Sie diese jetzt hören oder an einem anderen Tag?", wollte sie wissen.

Meine Müdigkeit war sofort verschwunden. „Bitte erzählen Sie weiter", antwortete ich aufgeregt.

Danica setzte sich, schenkte den Tee ein und begann:

„Am nächsten Tag hatte ich wieder Nachtschicht. Bei der Übergabe von der Spätschicht fragte ich meine Kollegin nach dem kleinen Jungen. Sie berichtete, dass Doktor Veit ihn morgens untersucht hatte. Er hatte den Pflegern mitgeteilt, der Junge würde auf unbestimmte Zeit stationär aufgenommen. Am Mittag wurde ein großes rundes Himmelbett angeliefert. Das Pflegepersonal baute es in dem Zimmer, in dem der Junge geschlafen hatte, auf. Am Nachmittag kamen unzählige Pakete. Der Junge brauchte bis zum Abend, um sie alle auszupacken.

Irgendwann ging er dann nach draußen und kam vollgepackt mit Sonnenblumen und Rosen zurück. Bei meinem ersten Rundgang durch die Station wollte ich mich selbst davon überzeugen. Als ich das Zimmer des Jungen betrat, traute ich meinen Augen nicht. Es sah aus wie bei ‚Alice im Wunderland'.

Der Junge erblickte mich und rief erfreut: ‚Da bist du endlich! Siehst du, ich habe dir gesagt, dass alles gut wird. Mich haben schon viele Freunde aus den anderen Zimmern besucht und haben sich darüber gefreut, wie schön es bei mir ist. Mit einigen habe ich mich unterhalten. Wir haben viel zusammen gelacht. Hast du das heute auch schon getan?‘

Der Junge schaffte es, wie am Vorabend bei seiner wundersamen Ankunft, mich in seinen Bann zu ziehen.

‚Nein, wenn ich so überlege, habe ich heute noch nicht gelacht.‘

‚Dann lass uns jetzt zusammen lachen.‘

‚Ich kann nicht auf Kommando lachen‘, erwiderte ich.

‚Wieso? In jeder Minute gibt es etwas zu lachen.

Große Menschen sind komisch. Ihr seht nur das, was ihr sehen wollt. Die kleinen wichtigen Dinge verdrängt ihr. Kinder sind vielen Erwachsenen einen Schritt voraus. Sie sehen, fühlen, handeln und sprechen aus ihrem Herzen heraus‘,

sagte der Junge leise und bedächtig. Er zeigte mit seinem Finger auf meine Beine. Ich folgte der Richtung seines Zeigefingers und entdeckte eine riesige Laufmasche in meiner Strumpfhose. Ich hatte sie völlig übersehen. Ein Faden hatte sich gelöst und baumelte an meinem Bein herunter.

Da musste ich lachen und der Junge stimmte mit ein. Wir schauten uns beide an und konnten gar nicht mehr aufhören. Wir steckten uns gegenseitig mit dem Lachen an. Fragen sie mich nicht, wie lange es ging."

Danica lachte leise, als sie an diesen Moment zurückdachte. Sie nahm noch einen Schluck aus ihrer Tasse und erzählte weiter:

„Irgendwann musste ich mich setzen, weil mir mein Bauch wehtat und ich meine Tränen wegwischen musste.

‚Siehst du,' gluckste der Junge, ‚manchmal sind es die kleinen Dinge, die viel Freude bereiten können.'

Ich grinste. Er hatte Recht. Sonst hätte ich mich mächtig über eine Laufmasche geärgert.

‚Manchmal ist es besser, über Nebensächlichkeiten zu lachen, denn die wirklich wichtigen Dinge benötigen unsere ganze Ernsthaftigkeit.'

,Wie ich sehe, hast du dich schon gut bei uns eingelebt?', lachte ich weiter. Wie so oft bekam ich auf meine Frage keine Antwort, sondern eine Gegenfrage.

,Und hast du dir Gedanken gemacht über die Schönheit von Menschen und Blumen?'

Ich schüttelte den Kopf. Den Zusammenhang verstand ich nicht. Was hatte die Schönheit von Menschen und Blumen gemeinsam?

Manchmal musste man sehr genau auf die Zwischentöne in den Aussagen des Jungen achten, um ihn zu verstehen. In anderen Momenten kamen seine Worte so klar und deutlich rüber, dass ich wegen seiner wahren Sätze schlucken musste.

,Schau doch mal auf meine Rosen und Sonnenblumen! Sehen sie nicht wunderbar aus? Sie sind meine Freunde und ich behandle sie auch so. Jeden Tag danken sie es mir mit einem Lächeln. Klar, sie haben auch Tage, an denen es ihnen nicht gut geht. Dann bekommen sie noch mehr Liebe und Zuneigung. Und am nächsten Tag sind sie fröhlicher.

Das ist wie bei uns Menschen.

In uns schlummert eine unglaubliche Kraft. Wir müssen sie nur wecken. Es ist wie bei meinen Blumen. Werden sie täglich gewässert, entfalten sie ihre volle Schönheit. So sollten wir es auch mit unserem Herzen geschehen lassen. Wenn wir es wecken, können wir spüren, wie um uns alles größer und schöner wird. Die Symphonie des Lebens wird dann gespielt.‘

Der Junge klatschte vor Freude in die Hände. ‚Jetzt weißt du, was Schönheit ist! Ach, übrigens: Du bist genauso schön wie meine Blumen!‘

Sein Gesicht fing an zu strahlen und bekam ein bisschen Farbe.

Ich schaute ihn leicht verlegen an: ‚Danke, das hast du schön gesagt!‘

‚Es war heute ein ereignisreicher Tag für mich. Aber ich wollte unbedingt noch wach bleiben, um dir mein Geheimnis von Menschen und Blumen zu erzählen. Nun kann ich mich träumen legen. Mein Herz muss sich erholen. Doktor Veit meinte zu mir, es wäre müde. Das mag wohl stimmen. Es braucht aber nur Ruhe. Ich kenne das schon seit Jahren:

Wenn ich meinem Herz Ruhe und Zeit gebe, wird es sich in der Stille erholen. Heiterkeit und Liebe werden dann mit neuer Kraft in mein Leben strömen.

Pustest du bitte noch die Kerzen aus?‘, fragte er erschöpft.

Was für ein toller, unglaublich starker Junge, dachte ich, während ich die flackernden Kerzen löschte. Ich wollte dem Jungen noch eine traumhafte Nacht wünschen, doch er hatte seine Augen schon geschlossen. Er sah zufrieden aus. Er schien im Reich der Träume angekommen zu sein.“

Danica hielt einen Augenblick inne, als sehe sie vor ihrem geistigen Auge den Jungen schlafend in seinem Bett, dann fuhr sie fort:

„Eigentlich mache ich das bei Patienten nicht: Aber der Junge war eben nicht wie jeder anderer. Ich beugte mich über ihn und gab ihm sanft einen Kuss auf die Stirn. Ich flüsterte ihm zu: ‚Träume schön und rette sie für uns herüber.‘

Als ich das Zimmer verließ, erhellte ein kleines Licht aus dem Krankenhauskorridor das Gesicht des

Jungen. Es strahlte."

Danica lächelte, als sie die Geschichte beendete.

„Ja, so ist er, der Junge. Jeden Tag geht er zu mehreren Patienten und bleibt Stunden bei ihnen. Sie erzählen, lachen und weinen gemeinsam. Doch darüber kann ihnen Doktor Veit mehr erzählen. Ich schaue jeden Tag nach dem Jungen, um zu sehen, wie es ihm geht. Glauben Sie mir: Jeden Tag verlasse ich sein Zimmer mit einem Lächeln im Gesicht."

„Ja, was für ein fantastischer Junge", gab ich Danica Recht.

Sie stand auf, sammelte das Geschirr ein und verabschiedete sich. Das bekam ich nur am Rande mit. Meine Gedanken waren bei dem Jungen.

Ich wollte zu ihm.

Fünfter Eintrag aus dem Krankenhaus am Rande des Meeres

Inzwischen war der Regen weniger geworden, als ich mich ankleidete, um nach dem Telefonat mit meiner Familie zum Jungen zu gehen. Hinter den Wolken setzte sich die Sonne durch.

Ein Regenbogen leuchtete in den unterschiedlichsten Farben. Ich beobachtete, wie er sich majestätisch am Himmelsrand aufbaute. Es war ein fantastisches Schauspiel. Er wechselte immer wieder seine Farben. Mal gelb, mal blau und dann lila. Die Sonne im Hintergrund spendete Wärme und gab ihm diese unglaubliche Farbkraft, die mein Herz erwärmte.

Ich dachte in diesem Moment daran, dass ich mich seit meiner Kindheit nicht mehr an solchen wunderbaren Ereignissen erfreut hatte. Ich hatte sie nicht mehr bemerkt. Seit ich den Jungen kennengelernt hatte, nahm ich vieles wieder bewusster wahr. Sah es mit anderen Augen.

Die Sonne ließ den Regen verdampfen. Die Farbenpracht des Regenbogens schien zu explodieren und spiegelte sich auf der glatten Oberfläche des Meeres. Kleine Fische machten Freudensprünge. Die Möwen setzten sich auf ihren Lieblingsplatz am Rande der Bucht. Die Sicht klärte sich. Ich konnte in der Ferne einen Leuchtturm erkennen.

Wie schnell das gehen kann: Erst scheint es, als ob um dich herum das Leben untergeht, und dann kommt es mit einer Kraft wieder, die es zum Leuchten bringt,

dachte ich.

Es begann wieder zu regnen. Tropfen um Tropfen klatschte an die Scheibe. Sie perlten gleichmäßig wie ein Fluss an ihr herunter. Dunkle Gewitterwolken hatten den Himmel schwarz gefärbt. Das Meer brodelte. Kleine und große Wellen rollten an die Küste. Der kleine Strand vor dem Krankenhaus war menschenleer.

Zwei Hunden schien das Wetter nichts auszumachen. Sie tobten am Strand und versuchten mit ihren Schnauzen, Regentropfen zu erhaschen. Einer von

beiden hinkte mit der rechten Hinterpfote. Es schien für ihn sehr schwer zu sein, an die Regentropfen zu kommen. Er suchte nach Pfützen. Doch diese an einem Sandstrand zu finden, war so gut wie unmöglich. Ich verstand nicht, warum beide Hunde nicht einfach aus dem Meer tranken. Das wäre doch viel einfacher gewesen.

Der andere Hund fing nun an zu buddeln. Er pflügte mit seinen Vorderpfoten ein großes Loch in den Sandstrand. Der Regen wurde immer heftiger. Als der hinkende Hund sah, was sein Artgenosse tat, hob er seinen Kopf in Richtung Himmel. Er jaulte so laut, dass ich es durch das Kippfenster meines Krankenzimmers hören konnte. Es klang freudig. Als die Grube sich mit Wasser gefüllt hatte, stapfte der hinkende Hund dort hin. Beide Hunde tranken gemeinsam und blickten sich dabei an.

Wie schön ist es doch, einen wahren Freund zu haben. Einen, der weiß, dass wir manche Ziele nur über Umwege erreichen können. Gemeinsam können wir es schaffen – und dann genießen.

Sechster Eintrag aus dem Krankenhaus am Rande des Meeres

Es war schön, die Stimmen von Kiki, Ben und Björn zu hören. Ich erzählte ihnen, dass es mir gut ging, und berichtete, dass ich noch im Rollstuhl säße, aber in zwei bis drei Tagen schon mit Gehhilfen laufen könnte. Am Ende der Leitung hörte ich immer wieder ein erleichtertes Seufzen.

„Ich bin so froh", rief meine Frau aus, „dass du nach diesem schweren Unfall so erfolgreich behandelt werden konntest."

So wie Doktor Veit es mir in einem längeren Gespräch mitgeteilt hatte, würde ich keine bleibenden Schäden davontragen. Ich müsste mich in Geduld üben, da viele alltägliche Abläufe noch nicht so funktionieren würden wie vor dem Unfall. Damit konnten meine Familie und ich gut leben.

Ich erzählte den Kindern von dem tollen Strand, den ich von meinem Fenster aus sah und versprach ihnen, sobald sie mich besuchten, dort mit ihnen hinzugehen. Dann erzählte ich von dem ungewöhnlichen Krankenhaus mit den gelben Wänden und den vielen netten Menschen, die ich bisher schon kennengelernt hatte.

Mit keinem Wort erwähnte ich den kleinen Jungen, der es geschafft hatte, mein Interesse zu wecken. Ich erwähnte nur, dass ich einen neuen Freund gefunden hatte.

Wir unterhielten uns sehr lange. Kiki sagte noch, dass sie mich dieses Wochenende mit den Kindern besuchen würde. Meine Freude darüber war riesengroß, als ich mich von ihr verabschiedete.

Mit einem angenehmen, erwartungsvollen Gefühl rollte ich mit meinem Gefährt zum Zimmer des Jungen. Die Tür stand offen. Ich klopfte an und betrat den Raum.

Was meine Augen zu sehen bekamen, wird für immer in meinem Herzen bleiben: Rund um das himmelblaue Bett in der Mitte des Raums standen Blumen. Es sah wie in einem Blumenladen aus. Kleine und große Sonnenblumen lachten mich mit ihren Blüten an, die mir wie Gesichter erschienen. Rote und weiße Rosen versprühten im Zimmer einen wundervoll duftenden Geruch. Ich wandte mich der Fensterfront zu. Der Ausblick war überwältigend. Der Junge konnte aus allen Ecken seines Zimmers auf das Meer schauen.

Ich staunte und hatte anscheinend meinen Mund weit geöffnet, denn der Junge rief: „Diese Schönheit hättest du gestern Abend auch schon sehen können. Doch da hast du es nicht mit deinem Herz beobachtet. Jetzt kennst du das Geheimnis, das ich mit dir geteilt habe:

Wenn wir anfangen auf unser Herz zu hören, werden wir Dinge im Leben erkennen, die uns unvorstellbar erschienen.“

Ich musste mich setzen. Mühsam drückte ich mich aus dem Rollstuhl in den mit Muscheln verzierten Stuhl. Ja, richtig. Ein Muschelstuhl!

Mir wurde es erst richtig bewusst, als meine Hände diesen beim Hinsetzen berührten. Ich musste vor Anstrengung laut stöhnen.

„Oh, bereiten dir deine Verletzungen noch Schmerzen?“, wollte der Junge wissen.

„Nein, eigentlich nicht. Ich habe vorhin trainiert und glaube, ich habe schon einen Muskelkater“, meinte ich.

„Das ist doch ein gutes Zeichen.

Weißt du, fast jede Verletzung kann mit der Zeit heilen, aber ein krankes Herz braucht länger.

Darum versuche ich immer zuerst mit dem Herzen zu sprechen. Alles Weitere ergibt sich daraus.“

Der Junge lächelte andächtig, als er das sagte und nahm einen kräftigen Schluck aus seiner Schale, die wie eine liegende Mondsichel aussah.

Ich blickte mich im Zimmer um. Überall standen kleine Gegenstände. Mir fielen besonders eine Glasflasche, gefüllt mit Sand und Pergamentpapier, und eine Sanduhr auf. Diese standen aneinander gereiht zwischen einer Sonnenblume und einer Rose.

Der Junge, der mich keine Sekunde aus den Augen ließ, sprach leise, sehr bedächtig, fast flüsternd:

„Alle diese traumhaften Sachen, die du in meinem Zimmer siehst, haben mir Freunde geschenkt. Was gibt es Schöneres als Freunde zu haben? Ich habe sogar noch viele weitere Geschenke bekommen, doch die habe ich verschenkt. Nicht, weil ich sie nicht mochte, sondern weil ich andere Freunde kennenlernen durfte, die diese dringender brauchten. Das verstehen gute Freunde.

Unter Freunden muss keine Entscheidung begründet werden. Freunde verstehen!“

Gerade als ich darauf antworten wollte, fiel er mir ins Wort. Aber daran begann ich mich zu gewöhnen. Er schien sehr gerne zu sprechen und ich entwickelte mich zu einem guten Zuhörer.

„Jedes Geschenk, das ich bekam, erzählt seine eigene Geschichte. Ich werde dir bei jedem Besuch eine erzählen. So wird uns nie langweilig und wir können unsere gemeinsame Zeit genießen.“

Erst jetzt entdeckte ich an der Wand ein Gemälde, das einen Delfin zeigte. Es begeisterte mich, sodass ich es näher betrachtete. Der kleine Junge sah das und fing wie aus heiterem Himmel an zu weinen.

„Das ist kein Geschenk. Das habe ich selbst gemalt“, schluchzte er.

„Aber wieso weinst du denn? Das Bild ist doch wunderschön. Deswegen habe ich es mir auch näher angeschaut“, versuchte ich ihn zu beruhigen.

„Ja, das mag wohl sein. Ich habe es nach einem Traum gemalt. Das Bild erinnert mich an meinen eigenen Wunsch, den ich bisher nicht erfüllen konnte: Ich hätte gerne einen Delfin zum Freund. Darum male ich jeden Tag an dem Bild und hoffe, irgendwann mich daneben zu zeichnen.“

Der Gedanke an den Delfin schien den Jungen zu schwächen.

„Kommst du später wieder? Ich muss mich träumen legen. Das mache ich am Tag mindestens vier Mal. So kann ich jeden Tag versuchen, meine Wünsche für meine Freunde in die Tat umzusetzen. Vielleicht ist diesmal auch mein Traum für die Delfinfreundschaft dabei?“

Als ich das Zimmer verließ, war auch ich sehr

müde und dachte: ‚Wie außergewöhnlich! Für seine Freunde schafft er anscheinend das Unmögliche. Aber sein eigener großer Traum ist noch nicht wahr geworden.‘

In mir kam Mitleid auf. Ich verwarf es aber sofort. Das wäre dem Jungen nicht gerecht geworden! Während ich in Richtung meines Krankenzimmers rollte, hoffte ich aus meinem Schlaf wenigstens einen Traum in den Tag retten zu können.

Siebter Eintrag aus dem Krankenhaus am Rande des Meeres

Die Sonne lachte in mein Zimmer und ihre Strahlen streichelten mir das Gesicht. Ich blickte aus dem Fenster und sah den Leuchtturm imposant in der Ferne stehen.
Vor drei Tagen hatte ich meinen Rollstuhl abgegeben. Ich bewegte mich mit Gehhilfen vorwärts. Eigentlich benötige ich diese auch nicht mehr. Doch Doktor Veit meinte, es wäre besser, wenn ich sie zur Sicherheit noch nutzen würde.
Heute würden Kiki, Ben und Björn zu Besuch kommen. Ich freute mich schon wahnsinnig auf die drei. Wir hatten vor an den Strand zu gehen. Weiter traute ich mich noch nicht. Aber für die Kinder sollte es schön werden. Sie könnten mit ihren Schaufeln Sandburgen bauen und Bäche um die Burgen entstehen lassen.

Ich würde mit Kiki das Treiben beobachten. Es ist tatsächlich so:

Erst, wenn geliebte Menschen sich weit von einem entfernen, merken wir, wie wichtig sie für uns sind.

Sicherlich war es der Unfall, der mir die Augen öffnete, doch den größten Anteil hatte dieser außergewöhnliche Junge. Seine Sichtweise vom Leben war so unkompliziert und mit einer unerschöpflichen Liebe versehen. Ich wollte ihn meinen Kindern und Kerstin vorstellen. Doch er wollte das nicht.

Er meinte: „Deiner Frau und den Kindern geht es doch gut. Ihr seid eine Familie, die sich bedingungslos liebt. Vor nicht langer Zeit hätte ich gerne mit Ihnen gesprochen. Jetzt ist das nicht mehr nötig. Sollte irgendwann wieder Trauer und Schmerz bei euch Einzug halten, wisst ihr doch, wie ihr sie bekämpft. Eure gemeinsame Liebe wird jeder Gefahr trotzen. Das weiß ich!

Findet jeden Tag einen stillen Platz. Wenn ihr dann lauscht, werdet ihr Schritte vernehmen. Es sind Schritte der Liebe. Sie können euch auf euren weiteren Wegen begleiten!"

Damit hatte er wohl Recht. Ich schob die Decke zurück und ging langsam und bedächtig in Richtung Bad.

Meine Familie würde gleich da sein.

Achter Eintrag aus dem Krankenhaus am Rande des Meeres

Als die Kinder und Kiki mein Krankenzimmer betraten, war die Freude unbeschreiblich. Ben und Björn fielen mir um den Hals, sodass ich Probleme bekam, nicht das Gleichgewicht zu verlieren. Wir herzten und umarmten uns. Kiki beobachtete unsere Wiedersehensfreude, bis sie zu den beiden Jungs sagte: „Nun möchte ich Papa auch begrüßen!“ Sie wischte sich mit ihrer Hand über das Gesicht und trocknete die Tränen. Ihre Lippen berührten die meinen. „Oh, ich wusste gar nicht mehr, wie gut sich das anfühlt!“

Es ist tatsächlich so: Liebe ist Leben. Es gibt zwar die unterschiedlichsten Wege, sie zu entdecken, aber fühlen kannst du sie nur, wenn du auch ihre Nähe schmeckst und spürst.

Der Weg zum Strand schien unendlich weit zu sein. Ich musste zwischendurch immer wieder kleine Pausen einlegen, um meine Arme zu entlasten. Die

Sonne tat ihr übriges, sodass Kiki mir mit einem Taschentuch den Schweiß von der Stirn abtupfte.

Nach einer gefühlten halben Stunde zeigte sich hinter den Sanddünen in weiter Ferne das riesige blaue Meer. Die Sonne spiegelte sich in den Wasserpfützen des Watts.

Es würde nicht mehr lange dauern, bis die Flut einsetzte und der Schlick unter den anrollenden Wellen verschwand.

Ben und Björn liefen los. Sie zogen Schuhe und Strümpfe aus und wateten ins Meer. Sie jauchzten vor Freude, als ihre Füße im Schlick einsanken. Beide sammelten Muscheln, die das blaue Nass an Land gespült hatte. Kleine Krebse und die unterschiedlichsten Kriechtiere aalten sich im Watt. Kiki und ich folgten in gemächlichen Schritten. Je näher wir dem Wasser kamen, umso klarer wurde die Luft. Ich schmeckte Salz auf meinen Lippen, atmete tief und sog das Meer in mich ein. Wir setzten uns in den Sand, schauten schweigend unseren Kindern beim Spielen zu und genossen dieses friedliche Bild.

„Ich bin überglücklich, dass alles noch so gut ausge-

gangen ist“, flüsterte sie, „ich hatte zwischenzeitlich schon gefürchtet, dass unsere Kinder ohne Vater aufwachsen müssen und ich ohne Mann. Wenn ich nur daran denke, dass es in unserem letzten Gespräch darum ging, wie weit wir uns voneinander entfernt hatten. Ich bin so froh, dass es nicht die letzten Worte waren, die ich zu dir gesagt habe.“

Ihre Augen füllten sich mit Tränen, sie kullerten an ihrer Wange herunter. Ich nahm sie in den Arm. Meine Finger berührten dabei zärtlich ihr Gesicht, während ich ihre Tränen wegstrich.

„Ach Kiki, ich bin genauso glücklich, dass ich die Chance bekomme, mein Leben mit euch weiterzuleben. Du hast damals Recht gehabt: Ich hatte meine Träume aus den Augen verloren. Der Beruf fraß mich regelrecht auf. Ich erkannte nicht, wie wichtig das Leben und die Liebe sind. Durch den täglichen Arbeitsdruck verlernte ich, das Wesentliche zu sehen. Meine innere Stimme, auf die ich früher immer gehört hatte, folgte ich nicht mehr. Inzwischen weiß ich wieder, wer ich bin und was ich will. Ich gehöre zu euch. Ihr seid meine Heimat! Mein Herz! Meine

Liebe! Ich will eure Nähe jeden Tag, jede Minute spüren. Ich liebe euch!"

Kiki und ich schauten uns tief in die Augen. Wir fühlten, dass uns das Leben ein Geschenk gemacht hatte:

Die Liebe ist wie die auf- und untergehende Sonne. Sie kommt immer wieder mit einer wärmenden Intensität, die das Leben zum Leuchten bringt.

„Ich werde nicht mehr in meinen alten Beruf zurückgehen!"

Kiki schaute mich verwundert an. „Warum?", wollte sie wissen.

„Ich möchte mich wieder meinen Träumen widmen. Weißt du noch, wie ich dir, als wir uns kennenlernten, selbst geschriebene Gedichte vorgetragen habe?"

Kiki nickte und lächelte.

„Ich hatte damals den Traum, mit meinem Schreiben Geld zu verdienen. Doch als ich nach kurzer Zeit merkte, dass ich damit nicht reich werden konnte, gab ich auf. Das war falsch. Ich lebte meinen Traum nicht, weil ich ihn für mich nicht akzeptiert hatte. Es ist nie zu spät, das zu erkennen und zu korrigieren. Wir werden sicherlich am Anfang die Gürtel enger schnallen müssen, aber es sollte ausreichen, um ein gutes Leben zu führen. Ich werde mir meine Zeit besser einteilen können und bei dir und den Kindern sein. Ein Freund, den ich im Krankenhaus kennenlernen durfte, erklärte es mir:

‚Manche Wege, die wir wählen, benötigen Zeit. Es ist wie bei den Äpfeln: Sie fallen erst vom Baum, wenn sie reif sind.‘

Diesen Weg möchte ich mit dir, Ben und Björn gehen. Meinst du, wir bekommen das zusammen hin?“

Kiki schwieg. Sie rutschte näher an mich heran und flüsterte mir ins Ohr: „Natürlich bekommen wir das gemeinsam hin. So habe ich dich lieben gelernt und mich schon damals für diesen Weg mit dir entschieden. Nun sind wir ein Mal vom Weg abgekommen. So etwas passiert. Nutzen wir die Chance, die wir bekommen haben. Lass uns diesen Weg neu einschlagen. Gemeinsam. Versprich mir, dass du mir deine ersten Texte vorliest. Das, was du früher geschrieben hast, berührte schon damals mein Herz!“

Wenn es eine Beschreibung für den Begriff „Neu verlieben“ gibt, war sie in diesem Moment entstanden. Kiki und ich gaben uns einen langen Kuss, ließen uns in den Sand sinken und hielten uns eng umschlungen. Die Sonnenstrahlen umhüllten uns.

Erst etwas Kaltes, Nasses ließ uns hochschrecken. Ben und Björn lachten aus vollem Halse. Sie hatten uns mit Wasser aus ihren Eimern übergossen. Kiki und ich stimmten in das Lachen mit ein.

Ich wandte meinen Blick zum Wasser. Das Meer war da. Majestätisch schoben sich die ersten Wellen an den Strand. Ich sah meine strahlenden Kinder und meine wunderschöne Frau und wusste in diesem Moment:

Heimat und Herkunft eines Menschen werden zu viel Bedeutung beigemessen. Wahre Heimat findest du in den Herzen der Menschen, die dich lieben.

Neunter Eintrag aus dem Krankenhaus am Rande des Meeres

Wir verbrachten noch einige Zeit am Strand, schauten begeistert der einsetzenden Flut zu, die Welle um Welle an das Land schwappte. Die Sonne wärmte unsere salzige Haut und wir genossen unsere neu gewonnene Liebe.

Die Kinder spielten um uns herum. Bauten Sandburgen und ließen die Gräben, die sie schaufelten, mit Wasser volllaufen.

Als die Sonne anfing, sich blutrot zu färben und die ersten Möwen sich müde an die Bucht setzten, bemerkten wir, wie schnell die Zeit vergangen war. Kiki, Ben und Björn hatten noch eine weite Fahrtstrecke vor sich.

So machten wir uns langsam in Richtung Parkplatz auf, der einige Meter entfernt vom Krankenhaus war. Ich warf noch einen Blick zurück und sah in der Ferne die Lichter des Leuchtturmes aufflackern.

Das hatte etwas Magisches für mich. Ich beschloss

ihn aufzusuchen, bevor ich das Krankenhaus verlassen würde.

Die Verabschiedung von meiner Familie war sehr innig und voller Vorfreude. In ein paar Tagen würde ich zu ihnen nach Hause kommen können und für immer bei ihnen sein.

Ich drückte Ben und Björn und gab ihnen einen Kuss auf die Stirn. Kiki nahm ich in meine Arme und hielt sie trotz meiner Gehhilfen so fest, wie ich sie lange nicht mehr gehalten hatte. Sie stiegen in das Auto und winkten zum Abschied. Mit einem Hupkonzert verschwanden sie aus meiner Sicht.

Als ich mein Krankenzimmer betrat, kam gerade Doktor Veit aus dem Raum.

„Ach, da sind Sie ja. Ich habe ab morgen zwei Wochen Urlaub und wollte vorher noch einmal nach Ihnen schauen", sagte er.

„Das freut mich. Wo geht es im Urlaub hin?", wollte ich wissen.

„Ich fahre nicht weit weg. Ich werde mich mit meiner Frau und den Kindern ein paar Tage an der Küste erholen und Tagesausflüge unternehmen. Sie

haben das Wiedersehen mit ihrer Familie heute bestimmt auch genossen? Bald werden Sie noch mehr Zeit für sie haben. Ich denke, wenn Ihre Genesung weiter solche guten Fortschritte macht, können Sie uns Ende nächster Woche verlassen. Das habe ich auch schon mit meinen Kollegen besprochen. Wichtig ist, dass Sie auf jeden Fall die Krankengymnastik zu Hause weitermachen. Bis Ihre Muskulatur wieder komplett aufgebaut ist, benötigt es Zeit und Geduld. Bei uns am Meer sagen wir:

‚Ein Segel, das du hisst, wird im Sturm von zwei Seiten angeblasen. Es treibt dich in unterschiedlichste Richtungen. Halte geraden Kurs und nimm das Ruder fest in die Hand. So kommst du durch den Sturm und wirst neues Land entdecken.‘

Ich bin mir sicher, Sie wissen, was ich meine“, lächelte er.

Ja, inzwischen sah ich vieles deutlicher und bewusster. „Das weiß ich sehr genau“, nickte ich ihm zu. „Sagen Sie, Doktor Veit, eines liegt mir noch auf der Seele: Schwester Danica sagte, Sie hätten auch ein besonderes Erlebnis mit dem kleinen Jungen gehabt?"

Er fing an zu lachen.

„Wer hat das nicht?! Ich glaube, jeder hier, egal, ob Patient, Pflegepersonal oder Arzt. Alle hatten sie besondere Begegnungen mit ihm. Gerne erzähle ich Ihnen von meinem ersten Besuch. Als ich mich morgens auf meine Visite vorbereitete, kam Schwester Danica zu mir. Sie hatte eigentlich schon Feierabend, wollte mir aber unbedingt die Geschichte von einem Jungen erzählen, der in der vergangenen Nacht wie aus heiterem Himmel vor der Krankenhaustür stand. Von der Begegnung kann Ihnen Danica mehr berichten."

Ich unterbrach Doktor Veit: „Darüber habe ich schon mit ihr gesprochen."

Doktor Veit grinste: „Das hätte ich mir eigentlich denken können. Na ja, durch ihre Schilderungen war ich auf meinen neuen kleinen Patienten sehr gespannt. Ich beschloss, ihn vor der Stationsvisite zu besuchen. Als ich sein Krankenzimmer betrat, schien er zu schlafen, ein schmächtiger Junge. Sein Gesicht war aschfahl.

Leise trat ich an sein Bett, um ihn nicht zu wecken. Dabei übersah ich den Übertopf einer Sonnenblume. Ihre Blätter berührten das Bett. Zwei hellblaue Augen blickten mich verwundert an.

‚Hallo', meinte ich. ‚Mein Name ist Doktor Veit. Ich möchte dich gerne kennenlernen. Es tut mir leid, dass ich dich aufgeweckt habe. Das war nicht meine Absicht.'

‚Ich habe doch gar nicht geschlafen. Sah das so aus? Ich schlafe nie. Ich träume', sprach der Junge sehr leise.

‚Oh, das ist schön. Was hast du geträumt?', wollte ich wissen.

‚Von ganz vielen tollen Dingen. Ich träume für meine Freunde, damit ich ihnen berichten kann, wie wunderbar das Leben sein kann. Doch bevor du erschienst, waren meine Gedanken bei meiner Sanduhr. Sie ist für mich mehr als das. Jedes Mal, wenn ich denke, es geht nicht mehr weiter, drehe ich sie um. Der Sand rieselt dann von oben nach unten.

Wenn er durchgelaufen ist, wende ich sie einfach wieder. Und das Ganze beginnt von vorne. Es gibt keinen Stillstand. Alles erneuert sich. Ich träume davon, wie schön es wäre, wenn die Menschen wissen würden, dass vieles im Leben erreicht werden könnte, wenn sie den Blick nach vorne richteten und nicht zurück.'

Der Junge drückte sich in seinem Bett zurecht.

,Puh, das ist ganz schön ungemütlich. In einem weicheren Bett könnte ich besser träumen', stöhnte er.

Ich hatte dem Jungen gebannt zugehört.

Was für ein außergewöhnliches Kerlchen, dachte ich.

,Wenn dir die Matratze zu hart ist, kümmere ich mich gerne um eine andere.'

,Oh', rief der Junge freudig. ,Mir würde schon ein Kuschelbett reichen. Meinst du, ich kann das bekommen?'

,Das wird schwierig. Wir haben nur unsere genormten Krankenbetten.'

Der Junge vergrub seinen Kopf im Kissen. Er fing an zu schluchzen. ,Aber so kann ich nicht richtig träumen. Ich möchte noch viele Geschichten erleben.‘

Mir fiel in diesem Moment ein, dass wir zu Hause noch das runde blaue Himmelbett von meinem Sohn hatten. Er war inzwischen herausgewachsen und wir hatten ihm vor Kurzem ein größeres Bett besorgt. Das Himmelbett stand noch in unserer Garage und sollte eigentlich von einer Spedition abgeholt werden. Wir hatten es verkauft.

‚Es gibt eventuell noch eine Möglichkeit, wie du ein kuscheliges Bett bekommen kannst. Ich muss dafür kurz telefonieren.‘

Ich rief die Familie an, die das Bett gekauft hatte, und erklärte ihnen die Situation. Sie zeigten sich sofort bereit, auf das Bett zu verzichten.

Als ich dem kleinen Jungen die Botschaft überbrachte, dass die Spedition an diesem Mittag sein neues Bett anliefern würde, klatschte er vor Freude in die Hände.

‚Toll, toll‘, jubilierte er. ‚Nun kann ich noch vielen anderen Menschen Freude bereiten, mich mit ihnen unterhalten, lachen und weinen.‘

‚Willst du gar nicht wissen, was es für ein Bett ist?‘, wollte ich wissen.

‚Das ist doch egal! Schon alleine dadurch, dass du es mir schenkst, ist es ein weiches, kuscheliges Bett.

Es ist wie ein Herz, das sich öffnet.
Es baut Brücken zu anderen Herzen.‘

Ich wollte ihn auf jeden Fall noch untersuchen. Ich war so von der Ausstrahlung des Jungen angezogen gewesen, dass ich es völlig vergessen hatte.

‚Nun muss ich dich aber noch abhören. Schließlich sind wir in einem Krankenhaus, in dem viele Menschen sind, denen es gesundheitlich nicht gut geht. Das hat dir aber Schwester Danica schon erklärt.‘

‚Natürlich, deswegen bin ich doch hier. Hier kann ich am besten Leben und Liebe verbreiten. Ich bin nur zu Besuch hier. Ich habe ein schwaches Herz. Doch es blüht jeden Tag wieder auf. Du kannst mich gerne untersuchen. Nichts anderes wirst du feststellen. Es ist wie mit den Sternen, die mich gestern Abend begleitet haben.

Die Sonne, die ich in meinem Herzen trage, wird dafür sorgen, dass die Sterne für euch ewig leuchten',

strahlte er.

In diesem Moment kam eine Schwester eilig in das Krankenzimmer. ‚Doktor Veit, können Sie kurz kommen. Wir brauchen Sie ganz dringend.'

Ich sagte dem Jungen, dass ich ihn später untersuchen würde.

‚Das ist prima. Dann habe ich schon mein kuscheliges Bett und bestimmt einen neuen Traum.'

Als ich den Raum verließ, schaute der Junge aus der großen Fensterfront auf das Meer. Sein fahles Gesicht schimmerte durch die Sonnenstrahlen golden. Seine hellblauen Augen leuchteten dabei.

Doktor Veit atmete einmal tief durch, als er die Geschichte beendete. „Ja, das war meine erste Begegnung mit dem kleinen Jungen. Und so hat ein jeder hier seine eigene Geschichte von ihm zu erzählen."

Ich nickte ihm zu.

„Ich wünsche Ihnen alles Gute für die Zukunft. Ich hoffe, Sie werden unser Krankenhaus am Rande des

Meeres in guter Erinnerung behalten.“ Er drückte meine Hand zum Abschied.

Nicht nur das Krankenhaus, vor allem den kleinen Jungen würde ich immer in meinem Herzen tragen. Durch unsere zahlreichen Gespräche war er mein Freund geworden.

Ich nahm einige Muscheln, die meine Kinder gesammelt hatten, legte sie in ein Glasgefäß mit Sand und steckte eine rote Kerze hinein. Ich klemmte sie zwischen Gehhilfe und Hand. Dann machte ich mich auf den Weg zu meinem Freund.

Zehnter Eintrag aus dem Krankenhaus am Rande des Meeres

Als ich ihm vorschlug, mit mir zum Leuchtturm zu gehen, freute sich der Junge unglaublich.

„Und hattest du schon einen neuen Traum?", wollte ich wissen.

„Oh ja," erfreute sich der Junge meiner Nachfrage. „Als ich gestern Abend in mein Zimmer ging, war ich sehr müde. Ich schloss meine Augen und träumte. Ich sah einen jungen Mann, der über einen grünen Rasen einem Ball hinterherlief. Den schoss er mit seinem Fuß in einen viereckigen Kasten. Männer kamen auf ihn zugelaufen und freuten sich mit ihm. Dann sah ich am Rande des Rasens noch viel mehr Menschen stehen. Sie klatschten in die Hände und umarmten sich. Die Menschen auf der anderen Seite hatten ihre Köpfe gesenkt und sahen traurig aus. Doch nach ein paar Minuten freuten sich die, die gerade noch betrübt waren. Ein Geräusch auf dem Flur beendete meinen Traum. Während ich aufstand, um zu schauen, wie das Geräusch entstanden war, dachte ich noch: Was für ein schöner Traum. Menschen, die zusammen spielen, sich freuen und ärgern, die haben das Leben verstanden!

Ich versuchte, das Geräusch zu finden. Dabei kam ich an einem Zimmer vorbei, in dem an einer Wand auf einem flachen, rechteckigen Kasten Bilder flimmerten. Ich traute meinen Augen nicht: Das war das Spiel aus meinem Traum!

Ich öffnete die Tür und betrat den Raum. Ein älterer Mann schaute mich entgeistert an.

‚Darf ich es mir auch anschauen?'

Er brummte etwas, während ich mich setzte.

‚Was sind das für tolle Bilder!', rief ich begeistert.

‚Das sind keine Bilder, Junge. Das ist Fußball. Hast du noch nie etwas von diesem Spiel gehört?', wollte er wissen.

Ich schüttelte den Kopf. ‚Aber gesehen habe ich es. In meinen Traum!'

Der Junge musste eine kurze Pause einlegen. Er schien ihn anzustrengen darüber zu sprechen. Es dauerte einen kleinen Moment, bevor er weiter-

sprach: „‚Ach Junge, Träume sind das eine. Die Realität sieht ganz anders aus“, knurrte der Mann. ‚Als ich jung war, hatte ich auch Träume. Ich habe sie mir fast alle erfüllt. Jetzt, da ich alt werde, sind die letzten Träume verpufft. Weißt du, du bist noch ein kleiner Junge. Darum kannst du mich nicht kennen. Früher haben mir Kinder, Jugendliche und Erwachsenen zugejubelt. Ich schoss viele Tore und meine Mannschaften zu Meisterschaften. Und was ist mir geblieben? Nichts! Wo sind meine Freunde, die mir damals immer auf die Schulter klopften? Die sich mit mir zusammen freuten, wenn ich sie zu gemeinsamen Abenden einlud, und jene, denen ich aus einer finanziell miserablen Lage geholfen hatte?

Keiner ist mehr da. Neulich knickte ich beim Fußballspielen gleich so dämlich um, dass die Patellasehne gerissen ist. Die Einzige, die mich bisher besuchte, ist meine Frau. Ach, ich sage dir, Junge: Das Leben ist ungerecht!‘

Ich wurde traurig. Ich verstand den Mann nicht. Wenn er in diesem Spiel so gut war, warum gab er seine Erfahrungen und Erlebnisse nicht weiter? Ein

Mensch, der so viele positive als auch negative Erfahrungen erleben durfte, ist ein reicher Mensch. Aber nur, wenn er sie auch mit anderen teilt.

Das ist wie bei den verwelkten Blättern. Werfen wir sie ins Feuer, können wir den jungen Knospen am Zweig einen guten Morgen wünschen. So beginnt sich die Uhr des Lebens neu zu drehen.

‚Ich verstehe nicht. Auch, wenn ich dich nicht kenne, interessiert es mich sehr, wie das Spiel funktioniert. Du kannst sicher Tricks und Kniffe zeigen, dass ich so gut spiele wie du. Leider ist mein Herz zu schwach dafür, aber viele andere Kinder würden sich darüber freuen. Es muss doch für dich schön sein, von deinen Erfolgen zu erzählen und Erfahrungen weiterzugeben. Ein Freund sagte mir mal:

‚Wenn du anfängst dich selbst zu achten, zu lieben und zu akzeptieren, erschließen sich dir neue Wege. Du wirst merken, wie dir neue Anerkennung und Liebe begegnen wird.‘

Fang doch bei mir an. Erzähle mir von dem Spiel, das du Fußball nennst. Ich möchte wissen, wie es gespielt wird. Selten gibt es so viele Menschen, die sich freuen und gleichzeitig ärgern. Sage mir, wie du sie zum Umarmen und zum Ärgern gebracht hast.‘

Der Mann, der die ganze Zeit auf die Bildfläche gestarrt hatte, wandte sich mir zu.

‚Willst du das wirklich wissen? Ich dachte immer, Kinder interessieren sich heute nur noch für Spielekonsolen. Denkst du, sie möchten wissen, wie Fußball wirklich gespielt wird? Meinst du, wenn ich ihnen meine Geschichten erzähle, hören sie lieber zu, als im Fernsehen ihre Lieblingsserie zu verpassen?‘

‚Ich kann dir nicht sagen, ob es auf alle Kinder zutrifft. Aber, wenn du es nicht ausprobierst, wirst du es nie erfahren. Ich kenne Kinder und Erwachsene, die gerne deine Geschichten anhören würden. Menschen, die etwas zu berichten haben, hören wir lieber zu, als denen, die erzählen um des bloßen Redens willen. Ich weiß nicht, was eine Spielekonsole ist, aber ich kenne so viele Kinder, die bestimmt Fußball spielen wollen. Leider ist es oft so, dass ihre Eltern wenig Zeit finden, mit ihnen zu üben. Da wäre es doch toll, wenn du da sein würdest. Einen besseren Lehrer können sie gar nicht finden!'

,Wenn du meinst ...!' Der Mann nickte und fing an zu erzählen. Er schilderte mir seine Erfolge, seine Niederlagen und berichtete von den unterschiedlichsten Orten, an denen er gespielt hatte.

Ich hörte ihm lange, lange zu. Es waren tolle Geschichten, und ich war mir sicher, dass er damit auch andere Menschen beglücken würde.

Die aufgehende Sonne ließ die ersten Strahlen in das Zimmer fallen.

,Oh!', meinte der Mann, ,so lange habe ich erzählt. Die Nacht ist schon vorbei. Das habe ich gar nicht bemerkt.'

,Ich auch nicht', antwortete ich.

,Lass uns schlafen gehen', meinte er.

Ich nickte. ,Schlafen werde ich nicht. Ich träume', erklärte ich ihm.

,Stimmt. Mir ist wieder bewusst geworden, wie wichtig es ist, Träume zu leben. Sie haben die ganze Zeit in meinem Inneren geschlummert. Nun sind sie wieder erwacht. Als kleines Dankeschön möchte ich dir meinen Fußball schenken. Den bekam ich damals, als ich als erfolgreichster Spieler der Saison ausgezeichnet wurde. Du weißt bestimmt etwas damit anzufangen?

Ich habe festgestellt, dass Schatten, die uns verfolgen, schneller verschwinden, wenn wir einen Schritt in die Sonne machen.'

Ich stimmte ihm zu. Eines wollte ich ihm unbedingt noch sagen:

,Wenn du spürst, dass die Tage länger werden, aber deine Kraft weniger wird, denke an das, was du schon geschafft hast. Freue dich. Du hast den Mut gehabt, diesen Weg einzuschlagen.'

Der Mann nickte lächelnd. Ich verließ das Zimmer, winkte ihm zu und wünschte ihm schöne Träume."

Der Junge lehnte sich nach seiner Erzählung zurück und griff dabei nach dem Ball, den er geschenkt bekommen hatte.

„Hier für Björn und Ben“, sagte er und warf mir den Ball freudestrahlend zu.

Vorletzter Eintrag aus dem Krankenhaus am Rande des Meeres

Am nächsten Abend, als die Sonne hinter dem Mond verschwand, machten wir uns auf den Weg. Nur vereinzelte kleine Wolken ließen hin und wieder die Sterne verschwinden.

In der Ferne sahen wir das Licht des Leuchtturms immer wieder aufflackern. Wir folgten seinem Zeichen.

Der Junge wirkte sehr nachdenklich, in sich gekehrt. Wir sprachen den ganzen Weg kein Wort. Zwischendurch blieb er immer wieder stehen und schaute in den Abendhimmel. Immer, wenn ein Stern anfing, mehr zu leuchten als die anderen, stieß er einen tiefen Seufzer aus. So ging es den ganzen Weg.

Mir kamen diese Pausen sehr gelegen, da es mit meinen Gehhilfen doch anstrengend war. Ich dachte, vielleicht macht er das auch nur für mich und will es mir nicht zeigen. Bei meinem neuen Freund wusste man nie genau, was er gerade dachte oder machte.

Als wir die Bucht erreichten, erblickten wir den gewaltigen rot-weißen Holzleuchtturm. Er ragte Meter über Meter in die Nacht. Seine Höhe konnte ich nur schätzen. Zu erkennen waren nur Lichter, die von seiner Spitze in die weite Ferne leuchteten.

Nun endlich sagte der Junge: „Oh, wie schön. Was für ein einzigartiger Leuchtturm! Er erinnert mich an einen, den ich vor langer Zeit besucht habe. Der war ebenfalls toll. Schaffst du es, die Treppe mit mir nach ganz oben zu gehen?“, wollte er wissen.

„Ich denke schon. Vielleicht müssen wir ein paar Pausen einlegen“, antwortete ich.

Als wir den Innenraum des Leuchtturmes betraten, sahen uns viele alte Gemälde an. Bilder von Fischern, Booten, Leuchttürmen und Meeren. Überall standen Petroleumleuchten, welche die Dunkelheit erhellten. Das Holz schimmerte im einfallenden Licht und gab Wärme ab. Am Treppenaufgang steckten kleine Fackeln in Halterungen, die uns sicher nach oben geleiteten.

Der Junge konnte es gar nicht mehr erwarten.

„Je höher wir kommen, umso näher werde ich wieder meinen Freunden sein. Komm. Versuche dich zu beeilen“, freute er sich.

Ich hatte es mir anstrengender vorgestellt, die Treppen nach oben zu kraxeln. Eine einzige Pause musste ich einlegen. Als wir oben waren, stellte ich stolz fest, dass mein Körper den Treppenaufstieg ohne große Probleme bewältigt hatte.

Ich blickte mich um. Was für ein Ausblick. Wir standen in einem Rondell. In der Mitte befand sich ein Leuchtfeuer, von dem aus die Seezeichen auf das Meer geschickt wurden. Um uns herum war eine Glasfront. Wohin wir uns auch drehten, überall hatten wir einen freien Blick auf das Meer und die Küste. Es war atemberaubend.

Der kleine Junge drückte seine Nase an die Scheibe. Sein Atem beschlug das Glas. Mit seinen Fingern malte er viele kleine Sterne, die um einen Delfin tanzten. Er ging zwei Schritte zurück und begutachte sein Kunstwerk. Sein glückliches Gesicht veränderte sich. Seine Züge wurden traurig und seine Augen füllten sich mit Tränen.

Mir wurde klar, dass er seinen Delfintraum immer noch nicht erlebt hatte. Ich ging zu ihm und nahm ihn in die Arme. Ich hielt ihn und trocknete seine Tränen.

Leise sagte er zu mir. „Mein Herz schmerzt sehr. Ich freue mich, hier zu sein. Nirgendwo anders bin ich meinen Freunden so nah."

Er deutete dabei mit seinen Fingern in Richtung Sterne. „Ich habe aber das Gefühl, dass ich meinen Delfin nicht mehr erträumen werde."

„Ach, dafür wirst du noch so viel Zeit haben. Irgendwann wird er dir erscheinen", versuchte ich ihn zu beruhigen.

„Nein, das wird er nicht mehr. Ich werde morgen zu meinen Freunden gehen. Sie warten schon zu lange auf mich."

Der Junge schaute mich mit traurigen Augen an. Ich konnte nichts sagen. Ruhe umgab uns. Nur das Plätschern der Wellen, die an den Rumpf des Leuchtturms schlugen, waren zu hören.

Ich merkte, wie sich nun auch meine Augen mit Tränen füllten. Es muss ein traurig-schöner Anblick gewesen sein. Ein Erwachsener und ein Kind, die einander ihre Tränen wegwischten und sich festhielten. Unter Tränen sagte der Junge:

„Weißt du, Abschied zu nehmen, gehört zum Leben dazu. Doch die Liebe des anderen Menschen lebt in unserem Herzen. Sie wird uns weiter begleiten und in schwierigen Momenten den richtigen Weg weisen. So lange, bis sich beide Herzen wieder zusammenfügen."

Wir sahen uns tief und lange an. Dann lächelte der kleine Junge. Ich lächelte zurück. Wie gerne würde ich ihm seinen Traum erfüllen, dachte ich.

Der Junge fing an in seinem Jutebeutel zu kramen. Zwei alte Pergamente kamen zum Vorschein. Der Junge strahlte, als er sie ausbreitete.

„Weißt du", meinte er zu mir. „Wir haben das wundervolle Glück, uns zu verabschieden. Ein anderer Freund von mir hatte das nicht. Seine Frau verstarb bei einem Autounfall. Er hatte nicht die Möglichkeit, ihr Lebewohl zu sagen. Ihr seine Liebe noch einmal zu zeigen. Ich lernte ihn auf dem anderen Leuchtturm kennen, von dem ich vorhin erzählte. Er war so traurig und ich habe ihn getröstet. Ich habe ihm gesagt, dass seine Frau immer bei ihm ist, auch, wenn er sie nicht sehen und hören kann. Das verstand er erst nicht. Ich sagte ihm, er sollte in zwei Briefen schreiben, wie sehr er sie vermisse. Zuerst wollte er nicht. Doch als ich ihm sagte, die Briefe wären nur für seine Frau und ihn, kam er ins Grübeln.

Ich wusste, dass seine Traurigkeit weniger werden könnte, wenn er sie niederschreiben würde. Zu guter Letzt riet ich ihm seine Briefe per Flaschenpost in das Meer zu werfen. So würde zwei Mal eine große Last von seinen Schultern fallen. Sollte diese danach immer noch zu schwer sein, könnte er weitere Briefe verfassen. Es ist bei zweien geblieben“, schmunzelte der Junge. „Bei unserem Abschied übergab er mir zwei Pergamente.

Er meinte: ‚Mir haben, wie du schon sagtest, zwei Briefe geholfen, um meinen Schmerz zu lindern. Ich habe sie damals doppelt geschrieben. Ich dachte zur Sicherheit, wenn die Flaschenpost nicht ankommen würde. Doch sie ist angekommen. Ich möchte dir diese als Dankeschön schenken. Bestimmt wirst du etwas damit anfangen können!‘ Der Junge faltete das Pergament auseinander und begann leise vorzulesen:

„Liebe Julia,
soll ich dir erzählen, wie es ist, wenn ich am menschenleeren Strand barfuß durch das anrollende, plätschernde Wasser laufe und spüre, wie es den Sand unter den Füßen wegzieht? Oder von dem leisen Aufschrei, dem erschrockenen Sprung seitwärts, wenn die nackten Zehen eine angeschwemmte Krabbe oder Qualle fast berühren? Davon werde ich dir nicht berichten. Meine Trauer ist zu groß darüber, dass du alles nicht mehr erleben kannst. Wozu Sehnsüchte wecken, die nicht erfüllt werden?

Kann ich dir von dem regenbogenfarbenen Schillern des Wassers erzählen, wenn Sonne und Himmel niederkommen und einen sanften, dunstigen Strich ziehen zwischen sich und dem Meer? Von dem Gleiten der Möwen, ihrem Schaukeln auf den Wellen? Viele

Bilder möchte ich dir mit Worten malen.

Wir werden merken, wie stark sie sind und wie lebendig. Vielleicht helfen sie, das Dunkel auszuhalten und zu vergessen. Sogar Gerüche lassen sich herzaubern.

Du weißt sicher noch, wie wir früher auf unseren Spaziergängen ‚Farben riechen' gespielt haben und bald Meister waren im Erkennen von Grün, Blau und Weiß. Wir spielten auf einem duftenden Regenbogen.

Riechst du ihn jetzt, spürst du seinen salzig-feuchten Geschmack auf der Zunge?

Komm, lass uns auf ihm zu den fernen Schiffen reisen, zu jenen weißen Dreiecken im dunstigen Rund, dort, wo die Ewigkeit beginnt.

Komm, geliebte Julia, wir halten uns fest, wie sonst auch. Wir tauchen ein in die Stille.

Alles ist nur noch eine Frage der Gezeiten.

Dein dich liebender Mann"

Der Junge rollte das Pergament zusammen und gab mir das andere Schriftstück. „Lies du es bitte vor. Ich höre dir so gerne zu.“

„Natürlich“, erwiderte ich und begann:

„Liebe Julia,
wie oft sangen wir am Meer unsere Lieder. Ich erinnere mich unserer fernen Jugendtage, die voll Hoffnung waren. Nun bist du stumm. Aufgebrochen zu einer Reise, die dich fort führt von mir, weit fort.

Jetzt stehe ich hier alleine an unserem geliebten Meer. In unserer Welt. Vieles wollte ich dir sagen. Ich singe es für dich. Kannst du mich hören? Mich verstehen?

Ich sehe dich vor mir und lausche den Worten, die deine Lippen formen. Deine Wimpern zucken. Deine Hand umgreift meine. Ich halte sie behutsam.

Ich küsse dich und spüre, wie zart dein Mund ist. Die Sonne wärmt uns. Das Wasser spielt unser Lied in seinen Wellen. Wir summen mit und atmen den Tanz des Windes. Der Wind, der vom Festland kommt, streicht unsere Wangen. Unsere Träume heben ab, steigen auf wie ein Drache an einer Schleifenschnur.

Liebe Julia, dein Herz leuchtet mir den Weg. Es ist der Leuchtturm der Seele. Ich werde ihm folgen, denn ich spüre, wie aus Angst und Traurigkeit neue Freude und Hoffnung entstehen.

Liebe Julia, für immer und ewig.

Dein dich liebender Mann“

Ich gab das Pergament an den Jungen zurück. Er rollte es ein. Wir schwiegen. Unsere Blicke folgten dem Leuchtfeuer. Nach einigen Augenblicken unterbrach der Junge die Stille:

„Ich bin müde geworden und meine Reise morgen wird sehr anstrengend. Können wir zurückgehen?“

Ich nickte.

Der Mond und die Sterne glänzten, als wir den Leuchtturm verließen. Sie begleiteten uns, bis wir das Krankenhaus erreicht hatten. Ich brachte den Jungen zu seinem Zimmer.

Traurig und nachdenklich sah er aus. Er meinte, als ich mich von ihm verabschiedete: „Es ist schön einen Freund zu haben, aber umso schmerzhafter ist es, wenn man weiß, dass man ihn ziehen lassen muss. Gute Nacht, mein Freund!“

Ich wollte ihm gerade antworten, doch da hatte er seine Tür fast schon geschlossen. Durch den Türspalt konnte ich sehen, wie er die Muschelsand-Kerze, die ich ihm geschenkt hatte, anzündete. Sein Blick fiel auf sein noch nicht beendetes Delfinbild.

Ich musste mit ansehen, wie er in seinem Sessel zusammensackte. Ich fühlte mich hilflos.

Ich ging in mein Zimmer und hoffte inständig, einen Weg zu finden, meinem Freund beizustehen.

Abschied vom Krankenhaus am Rande des Meeres – letzter Eintrag

Ich lag in meinem Bett, und mir kamen viele Gedanken, wie ich den Jungen unterstützen konnte. Doch keiner war gut oder umsetzbar. Erschöpft und traurig überkam mich große Müdigkeit.

Es war ein unruhiger Schlaf. Immer wieder erwachte ich, setze mich in meinem Bett auf, griff nach meinen Gehhilfen und ging zum Fenster. Am Himmel zeigten sich wesentlich mehr Sterne als zuvor und der Mond schien heller. Das Wasser reflektierte ihn. Ein wundersamer und traumhafter Anblick.

Plötzlich sah ich aus der Dunkelheit einen goldenen Schweif in das Meer stürzen. Ich schaute in den Nachthimmel. Sterne fingen an zu strahlen. Sie glühten und flogen der Erde entgegen.

In diesem Moment wusste ich es: Ich wünschte mir für den Jungen einen Delfin. Hier an dieser Küste. Wenn er es sich nicht erträumen konnte, würde ich es ihm wünschen.

Ich sprach in meinem Herzen den Wunsch aus und ließ dabei keine Sekunde die zur Erde fallenden Sterne aus den Augen. Ein Stern begann zu glühen. Gleichzeitig blinkte er immer wieder auf.

Ich wusste: Mein Wunsch hatte Gehör gefunden! Ich entschied, es dem Jungen vorher nicht zu erzählen. Ich wollte ihn bitten, sich morgen am Meer von mir zu verabschieden. Ich freute mich schon auf sein Gesicht, wenn er seinen Traum erleben konnte.

Ich ging zurück in mein Bett und verabschiedete mich, mit einem Lächeln im Gesicht, in das Reich der Träume.

Gut ausgeruht besuchte ich den Jungen am nächsten Tag. Er war immer noch sehr traurig.

Als ich ihm sagte, dass ich mich an diesem Abend von ihm am Meer verabschieden würde, nickte er und sagte: „Das ist gut. Du wirst der Letzte sein, dem ich Lebewohl sagen werde. Von meinen anderen Freunden werde ich mich gleich verabschieden. Holst du mich ab?"

„Ja, das werde ich", antwortete ich.

Der Tag verging wie im Flug. Eingepackt in einen

dicken Rollkragenpulli machte ich mich auf den Weg zu dem kleinen Jungen. Ich betrat sein Zimmer und fand ihn auf einem Stuhl sitzend. Ich blickte mich um.

Kein rundes himmelblaues Bett, keine Sanduhr, keine Sonnenblumen oder Rosen. Das Krankenzimmer sah wieder aus wie alle anderen. Nur das unvollendete Bild hing noch am gleichen Platz.

„Wo sind deine ganzen Sachen hin?“, fragte ich verwundert.

„Ich habe sie Freunden gegeben, und die werden sie weiterverschenken. Nichts geht verloren. Alles bleibt in der Welt. Wollen wir gehen?“

Bekleidet mit einem dunklen Umhang und einem Beutel aus Jute verließ der kleine Junge das Zimmer. Ich folgte ihm. Mir fiel Danicas Geschichte wieder ein. So angezogen war er auch hier angekommen, dachte ich.

Wir erreichten das Meer. Wenn am Vortag schon viele Sterne strahlten, waren es heute Dutzende mehr. Auch der Mond leuchtete in seiner ganzen Pracht. Der Junge schaute ins Firmament.

„Herrlich“, meinte er, „alle meine Freunde sind da und wie sie sich freuen, dass ich komme. Sie lachen. Siehst du sie?“

Ich nickte. Die Sterne leuchteten mit einer wundersamen Kraft, wie ich es vorher nie gesehen hatte. Mein Blick wandte sich dem Meer zu. Noch war kein Delfin zu sehen. Würde mein Wunsch nicht in Erfüllung gehen?

Der Junge schaute mich an: „Es ist Zeit, sich zu verabschieden. Sei nicht traurig. Ich bin es auch nicht mehr. Alle sind sie hier, um mich abzuholen. So schön hatte ich es mir nicht einmal in meinen Träumen vorgestellt. Und meinen Delfin …, ich bitte dich, diesen weiterzuträumen. Beende du mein Bild, schreibe meinen Traum auf und verbreite ihn.“

Er lachte, als er das sagte. Sein sonst blasses Gesicht bekam eine golden leuchtende Farbe. Sein blondes Haar glänzte im Mondschein und seine hellblauen Augen strahlten.

„Danke, dass ich dein Freund sein durfte“, sagte der Junge leise. „Wenn du dich an mich erinnern möchtest, brauchst du nur jeden Tag in den Himmel zu schauen.

Es sind nicht die großen Worte, welche die Sonne zum Leuchten bringen. Es sind die kleinen Taten, die das Leben erstrahlen lassen. Sieh nach oben. Kleine Sterne leuchten ewig."

Er drehte sich um und ging in Richtung Leuchtturm. Einmal noch blickte er sich um und winkte.

Ich wandte mich unruhig dem Meer zu. Wo war der Delfin? Sein Traum! Mein Geschenk! Hilfesuchend blickte ich die Sterne an. Nichts passierte.

Aber dann: Ein Stern fing an zu glühen und der Himmel schien zu explodieren. Die Sonne schob sich neben den Mond. Sterne bildeten ein Spalier für beide. Alles begann zu erstrahlen. Es regnete Sterne vom Himmel. Die Nacht wurde taghell.

Der Junge war stehen geblieben, seine Hände gen Himmel gestreckt. Dann sah ich den Delfin in den Wellen des Meeres herumspringen.

Ich rief mit großer Freude dem Jungen zu: „Sieh auf das Meer. Dein Traum ist wahr geworden. Der

Delfin! Er besucht dich!“

Der Junge schaute fassungslos auf das Meer und sah ihm bei seinen Sprüngen zu. Immer näher kam dieser an die Küste.

Der Junge sah in den Himmel und ging dann direkt auf das Meer zu. Seine Füße wurden vom Wasser umspült, während der Delfin nur noch wenige Meter von ihm entfernt war.

Ich wollte ihn erst zurückhalten, doch es sollte wohl so sein. Der Kopf des Jungen ragte gerade noch aus dem Wasser hervor. Es konnte sich nur noch um Sekunden handeln, dann würde ihn das Meer verschlingen.

Jetzt musste ich doch handeln. Mein Freund würde ertrinken! Ich warf meine Gehhilfen zur Seite und humpelte so schnell ich konnte. Der Junge war nicht mehr zu sehen. Ich rief nach ihm. Keine Antwort.

Ich wollte mich gerade in die Fluten werfen, da sah ich, erst schemenhaft und dann deutlich, den Delfin. Er tauchte aus dem Meer auf. Auf seinem Rücken saß der kleine Junge. Die Sterne am Himmel bildeten einen Kegel, der auf die beiden gerichtet war.

Sein Gesicht strahlte. Er winkte mir zu. Der Lichtkegel begleitete das Tier und den Jungen. Immer weiter entfernte sich das Licht von der Küste. Die Sonne verschwand. Der Mond mit einigen kleinen Sternen blieb.

Ich setzte mich in den Sand und schaute auf das Meer. Schon jetzt begann ich, den kleinen Jungen zu vermissen. Aber ich wusste, dass es ihm gut ging. Er war bei seinen Freunden, seiner Familie.

Ich legte mich in den warmen Sand und schaute in den Abendhimmel. Ein Stern leuchtete heller als die anderen. Das war er, unser Stern!

Epilog
Sternenreiter

Heute ist es genau fünf Jahre her, seit ich meinen Freund, den kleinen Jungen, das letzte Mal gesehen habe. Jedes Jahr besuche ich ihn, nicht unweit vom Krankenhaus am Rande des Meers.

Hier in der Nähe lebe ich jetzt glücklich mit Kiki, Ben und Björn. Wir haben ein altes reetgedecktes Friesenhaus umgebaut. In der Zeit, in der ich mich nicht mit meinen Kindern oder dem Schreiben beschäftige, genießen Kiki und ich die Stunden zu zweit. Viele lange Gespräche, manchmal bis tief in Nacht, haben unsere Liebe vertieft.

Meine Verletzungen durch den Unfall sind inzwischen völlig geheilt. Genau wie mein Herz, das der Junge geöffnet hat.

Oft sitze ich in meinem Arbeitszimmer und beobachte aus meinem Fenster das Meer. Dann fallen mir wieder neue Geschichten ein und ich schreibe sie nieder.

Neben meinem Schreibtisch an der Wand hängt das gemalte Bild von dem Jungen. Und er hat sich dazugesellt. Kiki, Ben und Björn haben ihn nach meiner Beschreibung gemalt.

Mein erstes Buch ist fast fertig – womit ein weiterer Traum in Erfüllung gegangen ist. Es wird den kleinen Jungen freuen, denn er weiß, dass er dadurch wieder neue Freunde finden wird.

Das Meer ist ruhig und – wie vor einem Jahr und den Jahren zuvor – scheinen Mond und Sterne heller als sonst. Ich schaue in den Abendhimmel. Meine Gedanken wandern zurück zu diesem außergewöhnlichen Jungen. Wird er auch heute nicht erscheinen? Ist in diesem Jahr wieder nicht der richtige Zeitpunkt?

Doch bin ich mir sicher, wenn ich meinen Freund brauche, wird er erscheinen. Dann, wenn ich gar nicht mit ihm rechne.

Solltet ihr ihm begegnen, grüßt ihn von mir.

Auch, wenn er euch am Anfang seltsam erscheinen mag: Ihr werdet ihn lieben. Nie hat er mir seinen Namen verraten. Deswegen schreibe ich „vom kleinen

Jungen".

Wann immer ich in den Himmel schaue, denke ich, er ist ein Sternenreiter zwischen den Welten. Doch das ist nebensächlich!

Als ich so in den Sternenhimmel sehe, erinnere ich mich, was er mir kurz vor unserem Abschied in das Ohr flüsterte:

„Wege, die du mit dem Herzen einschlägst, bringen dich ans Ziel. Menschen, die dich lieben, werden dich auf deiner Reise begleiten. Die anderen lass reden ..."

Ende

☆☆☆☆☆☆☆☆☆☆☆☆☆☆☆☆☆☆☆☆☆☆☆☆☆☆☆☆☆☆☆☆☆☆☆☆☆☆

Außerdem von Jando erschienen:

„Windträume ... eine wundersame Reise zu sich selbst"
als Buch und Hörbuch

Buch: ISBN 978-3941139855
Hörbuch: ISBN 978-3941139909
Telescope Verlag, 2009

„Herzensbotschaften für das Jahr"
Immerwährender Kalender
mit Fotos und Weisheiten für das ganze Jahr

ISBN 978-3981486308
KoRos Nord , 2011

☆☆☆☆☆☆☆☆☆☆☆☆☆☆☆☆☆☆☆☆☆☆☆☆☆☆☆☆☆☆☆☆☆☆☆☆☆☆